溯源译丛

诸葛孔明

导演三国时代的天才军师

[日] 狩野直祯　著

梁　爽　译　张学锋　校

山西出版传媒集团

山西人民出版社

图书在版编目(CIP)数据

诸葛孔明：导演三国时代的天才军师 /（日）狩野直祯著；梁爽译；张学锋校. — 太原：山西人民出版社，2025. 9. — ISBN 978-7-203-13867-9

Ⅰ. K827=362

中国国家版本馆CIP数据核字第2025VP6757号

著作权合同登记号 图字：04—2025—013

诸葛孔明：导演三国时代的天才军师

著　　者：（日）狩野直祯

译　　者：梁　爽

校　　者：张学锋

出版统筹：崔人杰

责任编辑：侯雪怡

复　　审：崔人杰

终　　审：梁晋华

装帧设计：陈　婷

出 版 者：山西出版传媒集团·山西人民出版社

地　　址：太原市建设南路21号

邮　　编：030012

发行营销：0351-4922220　4955996　4956039　4922127（传真）

天猫官网：https://sxrmcbs.tmall.com　电话：0351-4922159

E - mail：sxskcb@163.com　发行部

sxskcb@126.com　总编室

网　　址：www.sxskcb.com

经 销 者：山西出版传媒集团·山西人民出版社

承 印 厂：山西出版传媒集团·山西人民印刷有限责任公司

开　　本：890mm×1240mm　1/32

印　　张：7

字　　数：136千字

版　　次：2025年9月　第1版

印　　次：2025年9月　第1次印刷

书　　号：ISBN 978-7-203-13867-9

定　　价：78.00元

如有印装质量问题请与本社联系调换

序

诸葛孔明所活跃的公元2至3世纪，既是汉王朝维持了四百年的大一统宣告落幕之时，同时也是紧接而来的分裂时代拉开序幕之时。从三国、南北朝，一直到隋文帝出现，这一分裂时代又持续了四百年。从统一到分裂，转折时期的舞台上活跃着的是地方豪族。豪族之中，很快又产生了南北朝时期的贵族。

后话暂且不论，本书所讨论的孔明就是这些豪族中的一员。孔明的人格和才能将他推上舞台，成为历史的主角，而观众们又出于所谓恻隐之心，不知不觉将他塑造成了悲剧英雄。“老狐狸”曹操善弄权谋术数，与之为敌而落败的刘备及其子刘禅二人即为孔明的主君。孔明辅佐刘氏父子，在“赤壁”以及之后的“五丈原”中屡出奇策。他感念刘备的三顾茅庐之恩，与之结“鱼水之交”；又受刘备临终托孤，对后主刘禅忠诚不渝，作《出师表》吐露心声。此外，孔明的“天下三分之计”冷静洞察时代之变，“挥泪斩马谡”的无情中又流淌着温情，这些都是孔明受欢迎的原因。

我并不否定这样的评价，但在执笔时仍会试着避开那份同情，从时代趋势的角度来解释孔明的行动，兼及当时的世态。然而，有时候我也不得不对他抱以同情。

中国和日本关于孔明的传记、文学、戏曲作品层出不穷，这本小册子虽然难免骥尾之嫌，但相信其中仍有一些属于我自己的想法。

目录

第一章

东汉王朝的结束

一、东汉时代

公元前221年，秦始皇在中国缔造了最早的统一帝国。这个帝国仅仅存在十五年就灭亡了，取而代之的是刘邦的汉帝国。在此之后，刘氏的统治延续了约四百年，但是从公元8年到23年，约十五年的时间里，政权一度被外戚王莽夺走。因此，以王莽的时代为界限，在此之前称作前汉（西汉），此后则为后汉（东汉）。打倒王莽，恢复刘氏帝国的是刘秀——也就是光武帝。公元25年，刘秀即皇帝位。

这个延续了四百年的刘氏帝国，从开端到结尾，理所当然产生了极大的性质转变。其中之一就是随着地方上的土地集中，产生了豪族。这种倾向可能与西汉武帝对商业的打压有关。约公元前1世纪中叶，武帝的治世结束，政治、社会问题逐渐产生。暂时夺取了汉朝江山的王莽，首要政策就是推

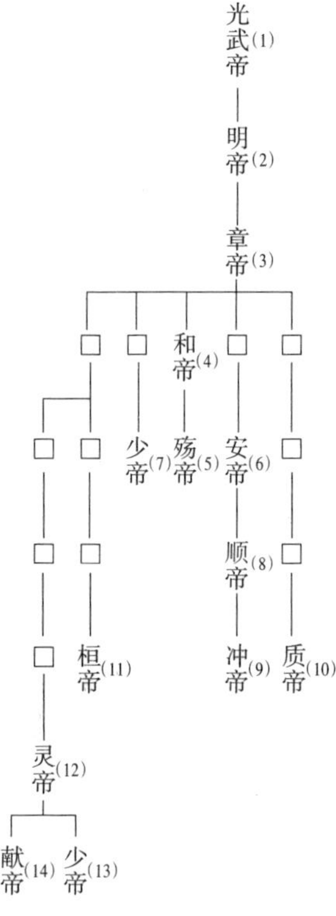

东汉皇室世系图

行土地和人民的国有化，[①]这大大违背了豪族的意愿。随后，在众多豪族的支持下，本身也是豪族出身的刘秀起兵推翻王莽，重建了汉帝国。因此，东汉建立后，豪族获得了更多政治上、经济上的势力。他们据守在地方，积蓄实力，继续着自己的活动。豪族的活动，可以分为离心运动和向心运动。也就是说，豪族的活动有两个方向：向中央政府靠近、依靠其庇荫，或者游离中央、在地方上寻求独立。因此，当中央政府的引力变弱时，豪族就会在地方上独立。然而，对于汉帝国来说，不幸的是，朝廷内部就存在着削弱引力的主要原因。

看过以上的东汉王朝世系图之后，应该就会注意到，虽然天子传续了十四代，但是谱系从横向上看却很长。这就意味着，历代天子在位的时间都较短，以至于他们的下一代还

① 指“王田私属”制度，王莽将土地更名为“王田”，奴隶更名为“私属”，皆不得买卖。

无法接过接力棒。于是，要么由极其年幼者继位，要么围绕着继承人的问题反复暗斗。这种状态下，中央政府的引力是不可能强大的。让我们以此为焦点展开。

光武帝享年62岁，明帝30岁继位。在他的时代，班超远征西域（中亚），宣扬国威。正是在这次远征中，班超说出了“不入虎穴，焉得虎子”的名句。明帝48岁驾崩，章帝20岁即位。到第三代皇帝章帝时为止，可谓是东汉的黄金时代。公元88年，33岁的章帝去世，10岁的和帝即位。随之而来的是，章帝的皇后窦氏一族开始以外戚身份染指政治。和帝27岁去世，他出生才一百余日的幼子被立为皇帝，史称殇帝。殇帝很快也于次年去世，接下来被拥立即位的是安帝（13岁）。安帝的父亲虽然曾被立为太子，却由窦后废黜，改封为清河王。和帝的皇后邓氏开始摄政，安帝立自己的儿子——即后来的顺帝——为太子，却因卷入宫廷内势力斗争而又不得不废黜他。安帝于32岁驾崩后，章帝之孙即位为少帝。虽然不知其确切年龄，但既然称之为“少帝”，当时一定尚且年幼。少帝即位不久便去世，而继位者尚未决定。这时，拥护此前废太子为帝的一派发动了政变，11岁的顺帝得以即位。政变的发动者是宦官，从这一时期起，宦官开始插手政治。顺帝的伴读之中有一个叫曹腾的宦官，此人正是曹操的养祖父。顺帝30岁（144年）去世，其子冲帝2岁即位，半年后即夭折。此时，8岁的质帝被迎立为第十代皇帝。顺帝的皇后梁氏一族作为外戚左右政治，曹腾则与之结盟。梁皇后之兄梁冀把持政权长达二十余年，一门之中出了七侯、三皇后、六贵人、两位大将军，可谓势不可挡。质帝年少聪颖，却因叫梁冀“跋扈将军”，即位第二年就惨遭毒杀。此后，梁冀勾结曹腾，将以英明闻名的清河王排斥在外，而迎立15岁的桓帝。当然，还是由梁氏作为外戚把持政权。

就这样，从2世纪中叶起，东汉的政治已由外戚和宦官掌控。东汉的外戚俱是地方名门出身，为大土地所有者。宦官虽身为男性，却失去了男性的生殖机能；他们之所以成为宦官，有的是被处以刑罚，但也有自愿的情况。宦官身在宫中，在天子周围伺候是其本职工作，正因日日在天子身侧，自然而然就接触得到政治机密了。而且，也许因为宦官在肉体上存在巨大的缺陷，物质欲望就相应地强烈了起来，常常为己谋求私利，满足私欲。这样一来，随着中央政治陷入混乱，向心力也一同衰弱下去，离心力便增强了。

二、党锢之祸

延熹九年（166年），东汉第十一代皇帝桓帝统治期间，下发了对司隶校尉（都城警视总监[①]）李膺等二百余人的逮捕令。司隶校尉原本是负责督察不法行为的官员，如今却要被逮捕了，理由是“共为部党，疑乱风俗，不可轻饶”。当逮捕

① 日本东京地区警察局的最高长官。

令的拟诏转送至太尉陈蕃处时，他拒绝署名，因为他认为“李膺等人负有盛誉，皆是忧心国家的忠义之士，岂有罪名尚且不明就这样收捕的道理”。他也曾为了李膺直接劝谏桓帝，但是，皇帝不仅不愿收回成命，还罢免了陈蕃的太尉之职。桓帝即位的第十三年［即延熹二年（159年）］扳倒了外戚梁冀，而诛灭梁氏一族时借助了宦官的力量，宦官在宫中的势力由此得到扩张。那么，李膺究竟犯了什么罪，真的必须逮捕吗？

这件事要上溯到李膺被任命为司隶校尉的时候。当时，宦官张让手握实权，他的弟弟张朔作为地方官赴任后，在任地仗势欺人，极尽暴虐之事，甚至于杀死孕妇，只因想看腹中的胎儿是男是女。不过，实在无法在地方上立足的张朔还是逃回了首都洛阳，躲进兄长的府邸，藏匿在合柱①之中。李膺率领部下闯入张让府邸，打破合柱抓捕张朔，并将其下狱判处死刑。张让上诉于桓帝，但李膺引经据典，应答条理井然，桓帝虽顾及张让，还是对他明说了：

“这是你弟弟的罪过，司隶何错之有？”

此后，宦官们畏惧李膺，以至于不敢离宫外出。这就是开头提到的李膺逮捕令的原委。“李膺等共为部党，疑乱风俗”是宦官的控诉。然而，宦官实际上也已结成党徒。

东汉王朝的开创者光武帝颇有学者风范，年轻时也曾进

① 多根木头合围成的空心柱子，因此内部可以藏人。

入太学学习。为复兴汉王朝，光武帝视儒家思想为治国之至高原理。他奖励学问，要成为官吏，就需要学习儒家经典，实践儒家道德。于是，儒学研究与儒家道德的践行者大量涌现出来。话虽如此，其中也有非常不近人情之事，像三年的丧期内男女绝对不能交合，丧期结束后才可以生子等。他们大多本就是地方上拥有一定财产（主要是土地）的大家子弟，有多余的时间和金钱研习经典，不然便是在这种宽裕之家的保护下勤奋学习的人。他们既是地方上舆论的领导者，也是推动者。对这类人而言，宦官的擅政绝对不能坐视不管。2世纪中叶，距光武帝即位已过百年，双方的斗争逐渐激烈。尊崇儒家之人自称为清流，将宦官蔑称为浊流。这就是李膺和宦官之间相互仇视的深刻根源。

李膺等人被逮捕，剥夺官员身份终身，黜落为庶人以下，如果用当时的话来说，就是处以禁锢之刑。由于他们是以结党为由被处以禁锢之刑，这一事件便被称为“党锢之狱”。

李膺回到故乡颍川襄城（河南省襄城），没过多久，便被邀至位于洛阳东南的阳城山（河南省登封以北）的学舍。当时，阳城山的盛名天下皆知，众多名士聚集于此。

直到李膺来到学舍前一年，大约有五年的时间，刘焉都旅居于这处学舍。他是西汉第六代皇帝景帝的子孙，是东汉皇室的同族。从当时算起，约八十年前，他的家族移居到了江夏郡的竟陵（湖北省天门），凭借刘氏一族的身份，成为当地颇有势力的人家。刘焉最初在地方上的官府任职，不久便被推荐为郎官。郎官是汉代高级官僚的候选人，这样一来，就为他日后的事业铺下一条坦途。这其中有刘焉宗室身份的因素，不过很大程度上还是由于其师祝恬的举荐。公元106年，祝恬去世。刘焉遵从当时的惯例，辞官为师服丧，之后便动身前往阳城山，留居直至公元165年重返官场。

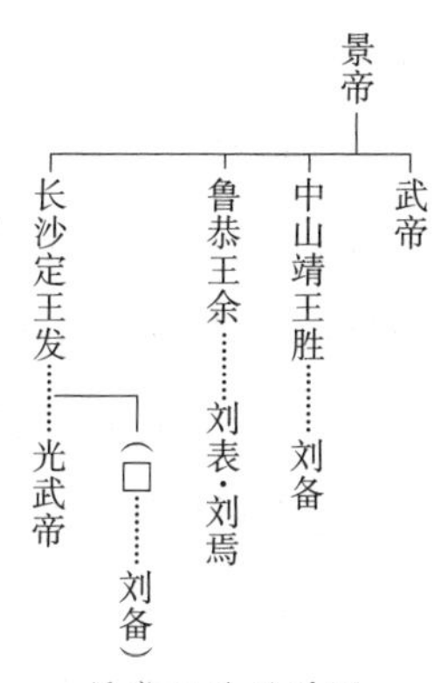

景帝子孙世系图

李膺的志同道合者之中，有个名叫刘表的人物。他也是西汉景帝的子孙，身长八尺有余（184厘米），容貌温和，很受大家尊敬。

另有一人名曹嵩，和李膺对立阵营的宦官群体关系密切。曹嵩的养父是曾经的大宦官曹腾，此时已经去世；曹嵩的亲生儿子就是曹操，此时的曹操还是个12岁的少年。

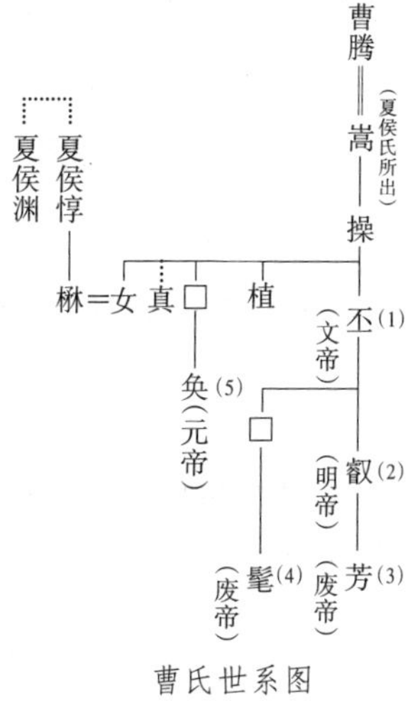

曹氏世系图

而党锢的通报传到位于北方的涿郡（河北省）时，郡治涿县（河北省涿州）的一隅正有一位6岁的少年刘备。

三、刘备

刘备的先祖据说也是西汉景帝，一说是东汉光武帝兄长之后。不过，刘备以景帝为远祖、与东汉皇室同族一事却颇有些可疑。自称刘氏者如刘表、刘焉，似乎都试图追溯西汉景帝为祖先。景帝为武帝之父，自身也取得了不错的治绩，又多子，因而易于作为显赫的先祖被追认。除此之外，曹氏（曹腾出生的家庭也是如此）也自称祖先是汉高祖刘邦的大臣曹参，张氏则同样以张良作为祖先，矫饰自家的家族谱系。这是这个时代的风潮。

刘备之父、祖父都在地方任官职，祖父官至一县之长官（中国的县在郡之下[①]）。然而，作为一家之主的父亲去世后，刘备似乎不得不以织席贩履为生计。

刘备身长七尺五寸（173厘米），在当时算是男子中的高个。此外，刘备手臂修长，这可不是指梁上君子，[②]据说这字面意义上的“长臂”可以垂至膝下。他的耳朵也很大，大到自己都能看得到自己的耳朵。还有一点，刘备的胡须较为稀

① 与中国不同，日本的县是较大一级的行政区。现代日本的一级行政区分为“都”“道”“府”“县”，下辖市。

② 日语有以“长手”（手が長い）指偷窃的惯用语，因此作者在此处有此说明。

薄，为此还招致人们的嘲笑，因为胡须稀少是宦官的特征，一不留神就可能被错认为宦官。

刘备少年时，家中有一棵桑树，枝叶茂盛，远远看去仿佛显贵所乘华盖车的盖顶。

“此树非同寻常，该家必出贵人。”

从刘备家门前路过之人皆如此传说，刘备那双扩音器般的大耳一定也听到了。一日，和亲戚的孩子们在一起游玩的少年刘备突然说：“我以后定会是乘黄盖车之人。”

“黄盖车”（带有黄色车盖的车）是天子所乘，刘备的叔父刘敬听到这话后吓了一跳，他说：“别说不该说的话！你是打算让我们刘家遭受灭顶之灾吗？”

尽管中央政治混乱，以至革命传言风起，但身处涿县的村舍，是无法想象延续近四百年的汉王朝会灭亡的，更无论如何也不会想要去推翻它。

熹平四年（175年），刘备年满15岁时，母亲命他前往都城附近的缑氏县（河南省偃师）山中学舍游学。学费由同族的刘元起提供，他的孩子们也一起前去游学，刘备并没有被区别对待。为此，刘元起没少被妻子埋怨，但刘元起并未理睬。也许他早已看出刘备将来会成为大人物。

刘备他们选择的老师是同县的前辈卢植。卢植是当时名儒马融的学生，治学则学问可与同门的大学者郑玄比肩，为官则官至九江郡（郡治在今安徽省寿县）太守，此时正因病退隐。

在这里，刘备结识了辽西出身的公孙瓒。此人相貌英俊，声音洪亮，能言善辩，言谈透露着聪慧。由于公孙瓒较之年长，刘备一直视他如兄长。

就这样，一个全新的世界在刘备面前展开了。不过，刘备生来就不大喜欢读书；相比起来，他更喜欢斗犬赛马、音乐华服。然而，由于他少言寡语，喜怒不形于色，遂为人们所敬畏，不知不觉中竟成为一伙混混的首领。学业不知什么时候也被他抛诸脑后，直接返回了故乡。当时，身为老师的卢植要参与校订熹平石经，这是一项对学者来说极富荣誉的工作，卢植因此而相当忙碌，这或许也是刘备返乡的理由之一。尽管如此，刘备的游学经历还是对他此后的人生产生了很大的影响。虽然没有直接学习到卢植丰富的知识，但是老师对政治的激情，一定给少年人刘备留下了强烈的印象。刘备的丰富情感，如果找错宣泄口的话，或许会使他身陷沦为法外狂徒的危险之中。

从前中国马匹较为稀少，中山国（河北省定县①）是为数不多的马匹产地之一。此处的贩马商人因生意在涿郡往来期间，开始注意到刘备和他的伙伴。“明明年纪尚轻，竟如此有帅才！”在这个维持治安不易的时代，商人会像这样物色一定的团体，出资雇佣他们做保镖。

刘备很快便获得贩马商人们的资助，得以扩大自己的队

① 1986年河北省定县升为定州市。

伍，与关羽、张飞结为义兄弟无疑也是在这一时期。关羽是河东郡解县（山西省临晋[①]的东南）人。解县有盐池，自古即作为盐产地闻名。关羽或许就是在做盐商的保镖之类时，在故乡发生了纠纷，才亡命至远方的涿郡。

至于张飞，虽知其为涿郡人，但具体出身于哪个县则不可考。

就这样，刘备在涿郡这一方小天地的势力日渐壮大。与此同时，中央的政治混乱程度与日俱增。中平元年（184年），黄巾之乱爆发，刘备时年24岁。

四、黄巾之乱

党锢之狱后，不可否认的是，政治已落入宦官手中。建宁四年（174年），灵帝年满15岁，行冠礼。此等大喜之时必然要颁发大赦令，然而与党锢有关者却无一人得沐皇恩，只因手握实权的是不愿看到清流派回归政界之徒。各地开始上报天地异变：

“河内（河南省）有妻子吃了丈夫，河南有丈夫吃了妻子。”

“发生日食。”

“地震，海水漫溢，黄河水变清。”正所谓“百年待河

---

① 临晋今属山西省运城市临猗县。

清”，黄河水原本应是浑浊的黄色。

“南宫中的侍中官署有母鸡化作公鸡，羽毛的颜色都变成了公鸡，只余头冠未变。”

外族侵入的报告也纷至沓来：

“鲜卑入寇并州（山西省、河北省部分地区）。”

鲜卑的入侵往往在每年入冬之际，就像一年的定例一样，循环往复。不只是鲜卑，濊、貊也不时侵略，还有从西边入寇的属藏一系的羌，只余南部国境一带尚且较为安宁。

即使在这种情况下，天子仍无意于政事。175年建立的石经无疑是东汉学术史上一座辉煌的金字塔，可这并不代表人们的生活就会因此变好。可这已是灵帝在位时唯一的功绩。

皇帝日常好穿胡服、睡胡床、吃胡食、奏胡箜篌[①]（竖琴）与胡笛、跳胡舞。“胡”即异国风情之意。所谓“上好之，下必效之”，一时间都城洛阳胡风大盛。皇帝有时以四匹白驴拉车，亲自驾车在西园中巡游，公卿们也效仿其驾车骑马，东奔西驰，末了喧哗吵闹。皇帝也曾在西园中置办小摊，让后宫佳丽假装贩卖酒食来取乐，酒醉后又骚乱争斗。这样不成体统的骚乱伴随着巨大的开支，卖官之风由此而生。

“光和元年（178年），初开西邸卖官。”史书中关于当时的记录这样写道。三公以下的官职全都明码标价，据说曹操

---

① “胡箜篌”是一种自西域传入的乐器，竖着演奏，区别于平放的“卧箜篌”。

之父曹嵩以一亿万钱买来了三公之一的太尉之位。

中央政府堕落至此，怎么都靠不住，产生这样的风气也是理所当然的了。身处治安混乱、异族相继入侵的地方上，豪族们只得依靠自己的力量来自保。豪族之族人及投靠其下、听其统率的农户操起武器自卫，这就是被称作“部曲”的豪族私兵。

没有加入豪族组织中的农民们怎么办呢？太平道、五斗米道之类的宗教团体出现后，不断将其纳入自己旗下，这就是黄巾之乱的主体。

创建太平道的是张角三兄弟，他们以河北、山东为中心，在河南、安徽、江苏、浙江、湖南一带吸纳信徒，尤其是沿海地区。另一边，五斗米道则经张陵、张衡、张鲁祖孙三代深耕后扎根于四川，也即巴蜀地区。张陵本是沛国（安徽省宿县[①]）人，顺帝时（125—144年在位）到蜀地的鹄鸣山修行，开创此教。

这两大教派都以巫术治病为主业。疾病来源于人们的罪过，因此，要消除疾病，首先必须忏悔自己犯下的罪行，再施行种种巫术，如将病人的名字写在纸上、喝符水等等。由于当时五斗米道需要以五斗米作为谢礼，故以此为名。

五斗米道采用大祭酒—祭酒—鬼卒的层级组织，太平道则将信徒分为三十六方。这种组织方式与军队非常相似。

---

① 应在今江苏徐州沛县。

太平道的信徒之中，不知不觉渗透进了社会改革的思想，开始唱起这样的口号煽动人心：

苍天已死，黄天当立。岁在甲子，天下大吉。

这是将中国传统的“五行思想”和当时流行的“谶纬思想”组合起来的产物，虽然是迷信，但对当时的百姓产生了巨大影响。五行思想，就是通过木、火、土、金、水五种元素的相生相克来说明宇宙的各种现象，王朝交替也不例外。太平道便声称要灭亡木德［尊青（苍）色］的汉王朝，建立土德（黄色）的新王朝。“谶纬说”的“谶”意为预言，“纬”则与“经”相对，“谶纬”二字合起来意指探求儒家经典文本中隐藏的意义。这种思想中，有着甲子革命说、辛酉革命说之类的王朝交替理论。所谓甲子革命，指的是在作为干支最初组合的甲子之年会发生革命。辛酉革命说传到日本以后，则成为确定神武天皇即位之年的基准。太平道采用的是甲子革命说。甲子是什么时候呢？便是公元184年（灵帝光和七年，十二月中改元中平）。太平道的信众以该年为发动革命之期，推翻东汉王朝的气势高涨。众人皆缠象征新王朝的黄色头巾，因此被称作黄巾之乱。

叛乱爆发后，东汉政府任命身为外戚的河南尹（相当于东京都知事）何进为大将军，守卫都城洛阳。随后召开会议，讨论黄巾之乱的原因及对策。有人认为“叛乱因宦官而起，此时应诛杀宦官”，也有人主张“应该解除党锢之禁”。在这种紧要关头，就连宦官中也有人认为，若不解除禁令，党锢之人就会与黄巾联手。就这样，朝廷废止了党锢之狱，以求安定民心。与此同时，任命皇甫嵩为左中郎将、朱儁为右中郎将、卢植为北中郎将，出征讨伐黄巾。其中，皇甫嵩尤其活跃，当时的童谣（时事小歌①）有：

> 天下大乱兮市为墟，母不保子兮妻失夫，赖得皇甫兮复安居。

这场叛乱一直到年末才算平定，然而，此后的数年间，各地黄巾余贼与黑山、白波、黄龙诸贼作乱不断，异族入侵亦循环往复。此外，以这场叛乱为契机，党锢之禁得以解除，但一直以来的清浊二流对立并没有随之缓和。在讨伐黄巾的过程中，卢植还因宦官谗言而受罚就是其中一个例子。因此，虽然叛乱平定了，但东汉的政治却一点也没有好转的迹象。这样一来，豪族自立、地方分权的趋势又进一步加强了。

讨伐黄巾的军队中，出现了几个熟悉的身影。卢植是其中之一，此外还有曹操。曹操年当三十，正作为一支官军的将领而活跃。

---

① “小歌”是日本平安后期到江户时代，尤其是室町时代流行的民间歌谣体裁，较为短小，内容比较世俗化。

这场叛乱发生时，地方上也组织起以州郡为单位的义兵。刘备带着关羽、张飞参加了幽州（河北省）的义兵，乱后被任命为安喜县（河北省定县）尉（警察局长）。

写到此处，有一个人必须登场了，那就是孙坚。此人出身吴郡富春（浙江省富阳县[①]），据传是以兵法闻名的孙武之子孙，不过并不可信。他比曹操小一岁，17岁时为县中小吏，因平定海贼而勇名远播，此后历任数县县丞。黄巾叛乱时，孙坚作为朱儁帐下的佐军司马，带领乡里少年、商人等千余人参与平乱。他的儿子就是后来与曹操、刘备三分天下的孙权（吴之大帝），黄巾之乱时还是个刚出生不久的婴儿。孙坚以外，还有公孙瓒、董卓、陶谦等等，不可尽数。东汉末年的群雄，或多或少都与这场叛乱产生了某种关系。

---

① 今浙江省杭州市富阳区。

第二章
少年时代

一、成长

光和四年（181年），黄巾之乱爆发四年前，宫中诞下一位皇子，取名为协。灵帝已与何皇后育有长子弁，因此这是第二个皇子。然而何皇后嫉妒心颇强，刘协出生时其母王美人便遭到毒杀。

这一年，琅琊郡阳都（山东省沂水县）[①]人诸葛珪和妻子章氏也生下第二子，这就是本书的主人公诸葛亮（孔明）。他的兄长瑾比他年长7岁，长着一张俗话里说的“马脸”，也就是细长的脸型。虽未生在富贵之家，所幸母子平安，章氏此后又诞下一个男孩（名叫均）。此外，夫妇二人还育有一个女儿。

按照惯例，先来调查一下诸葛氏的先祖。“诸葛”是两个

---

①“琅琊郡”应为“琅琊国”，沂水县今属山东省临沂市。

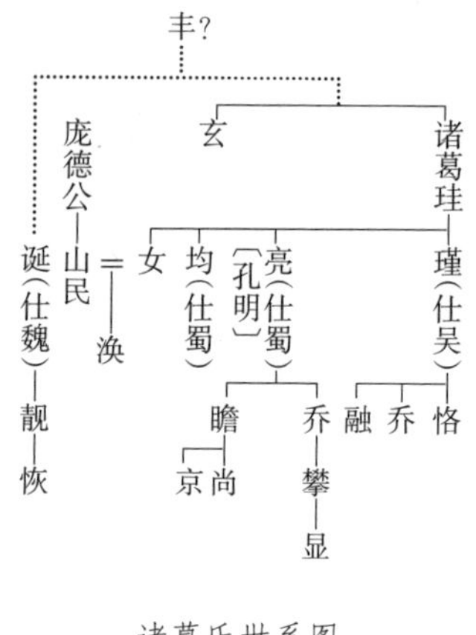

诸葛氏世系图

字组成的复姓，在中国比较少见。关于诸葛氏的由来，有两种说法。其一，秦汉之际，陈胜有一部下名为葛英，其子孙受封于琅琊郡诸县（山东省诸城市），因此产生了这个姓氏。另一说法是，琅琊郡诸县本有葛姓，后徙居同郡的阳都县；然而阳都县也有葛姓，为与之区别，从诸县迁来的葛姓就称为诸葛。一般认为后一说更可信。

西汉末年有任司隶校尉之诸葛丰，此人以刚直闻名。时天子宠臣侍中许章仗势欺人，任意妄为，诸葛丰对此无法忍受。正欲设法弹劾时，有一日诸葛丰走在街上，恰逢许章乘车相向而来。

“下车！我奉天子之命逮捕你！”诸葛丰话音刚落，许章便调转车头逃跑。诸葛丰在其后紧追不舍，但仍未能将其抓捕，只因许章逃入了宫门之内。此去便是司隶校尉的管辖范围之外。

许章来到天子面前哀求：“请陛下出手相救！”

就在这前后，司隶校尉所上奏章也呈至御前：“请赐罚于许章。”

结果是诸葛丰失败了，最终被罢官，免为庶人。据说孔明是他的子孙，虽非百分之百可信，不过一般均赞同此说。

关于孔明之父，只知其任太山郡丞（副知事[①]），除此之外则一无所知。妻子在诞下末子均不久后便去世了，他的晚年家庭生活想来并不幸福。母亲去世时，孔明应在10岁左右，兄长瑾正在洛阳游学。不久后，父亲续娶后妻，又没过几年，父亲也去世了。虽如是过早地失去了亲生父母，四个孩子还是各有所成就。长子瑾出仕吴国，官至大将军，封宛陵侯；末子均随孔明一起出仕蜀国，为长水校尉；女儿则嫁给了当时的名士庞山民（德公之子）。人才济济的诸葛氏，很快成为当时人人谈论的话题。

蜀得其龙（亮），吴得其虎（瑾），魏得其狗（诞）。

诸葛诞是孔明等人的族弟，官至魏大司空。

父亲去世之后，孔明和幼弟均被叔父诸葛玄带到自己身边，当时孔明应为14岁。兄长完成学业后，与继母移居长江以南。这样一来，兄弟几人就分散开来了。关于少年时代的孔明，所知便只有以上这么多了。

与此同时，对少年孔明来说完全是另一个世界的地方，政治与社会每时每刻都在变动。这股剧变的波涛也向少年身

① 知事为日本一级行政区都、道、府、县的首长，副知事即其副职。

边涌来，好不容易得以依靠的叔父瞬间便被卷走了。

二、刘焉的建议

184年，黄巾之乱爆发。

185年，张让等十三个宦官获封列侯，政局已是浊流滔滔。黄巾余贼、黑山张牛角起兵作乱，地方政治也不甚安定，鲜卑、羌入寇的消息还是照例传来。时局如此，皇帝却在西园造起了万金堂，对政治毫不关心，将自己置身事外。这样下去可不行。果然，洛阳出现双头四臂的新生儿，次年五月又发生日食，到了八月，第八代皇帝冲帝的皇陵之上，发生了一万只雀乱斗相杀之事——这些都是不祥之兆。

187年六月，渔阳（河北省蓟县[①]）的张纯自称天子。到次年九月，依靠公孙瓒的力量这场叛乱才总算平定了，然而就在这一年，各地黄巾余贼再次蜂起。

这时，刘焉有了以下发言。就是前一章提起过的那个刘焉，他历任洛阳令、冀州刺史、南阳太守等重要的地方长官，回到中央后位列九卿（大臣[②]）。

“刺史、太守等地方长官，以金钱贿赂得官。他们为了收回成本，对百姓横征暴敛，以致众叛亲离。如今应选有清廉

① 今天津市蓟州区。

② 大臣是日本部长级的官僚。

之名的重臣为牧伯，以安天下人心。”

如果自己的建议可获通过，刘焉希望被任命为交州（印度支那[1]）牧，借此躲避乱世。然而，正因为刘焉的建议包含重大议题，各种意见来回辩驳，无法直接实行。就在这时，出身广汉（四川省广汉市[2]）的侍中董扶悄悄对刘焉说：

“京师将乱，益州之地（四川、云南省）上方有天子气。”

听了董扶的话，他转而请求为益州牧。

然而，刘焉的意见依旧没有被采纳。另一方面，地方上源源不断地上报刺史、太守的恶行。

“益州〔刺史〕郤俭收税过酷。”

“并州杀〔刺史〕张壹。”

“梁州（四川、陕西省部分地区）杀〔刺史〕耿鄙。”

更有甚者：

“益州马相自号黄巾，合聚疲役之民数千人起兵。”

身患痈疽之人为了活下去，不得不采取外科疗法，破肿除脓。现在，东汉王朝就是生了痈疽的患者。为了王朝的存续，必须下决心做外科手术。终于，刘焉的意见被采纳了，如其所愿，他被任命为益州牧。此外，刘虞为幽州（河北省）牧，贾琮为冀州（河北省）牧，黄琬为豫州（河南、湖北省）

① 指中南半岛地区，也包含了今广西壮族自治区的部分区域。

② 汉代广汉郡包含了今四川省德阳市、绵阳市、成都市的部分地区，今广汉市由德阳市代管。

牧。数年后，又任命刘表为荆州（湖北、湖南省）牧。虽然他们都是以清廉著称的重臣，但对州牧的任命实际上助长了地方分权的倾向。

三、何进与董卓

中平六年（189年）四月，灵帝驾崩，17岁的皇太子辩即位，是为少帝。灵帝的皇后何氏之兄何进以外戚身份把持政权。与东汉历代皇后出身之家不同，何进原是屠户，被认为完全靠妹妹才得以发迹。他早就仇视宦官，一掌握实权就决定将之除去。袁绍赞成何进的计划，并出力推动。纵观整个东汉，袁氏世代为三公，是当代一流的家族，袁氏子弟在当时亦备受赞誉。袁绍以及从弟袁术，还有曹操等人，都属于何进在此前一年设立的亲卫队西园八校尉，袁绍随后升迁为司隶校尉。

何进等人认为，欲讨宦官必先增强武力，因而发出诛灭宦官的号令，召集众多将领，其中就有一向以勇猛著称的董卓。他因讨伐甘肃地区的羌人而闻名，很得士兵拥戴。正因如此，也有人对武力充沛的董卓进驻中央怀有疑虑。政府曾任命董卓为并州牧，却被他拒绝，理由是："我就任并州（山西省北部、陕西省北部）牧的话，士兵们就要与我分离了，我的部下不愿如此。"

董卓拒绝了政府的命令，率领部下进驻河东（山西省南部），观望天下的形势走向。何进试图利用董卓的兵力，归根结底是把他看作只有武力的军人。曾有人向何进进谏道：“董卓残忍寡义，若利用此人，最后只会让他恣意妄为，危及朝廷。即使诛灭了宦官，也不过是招来又一场祸乱。”据说，连何进身边的曹操等人也觉得，从外部引入军队来诛杀宦官一事颇为不妥。

何进、袁绍等人谋诛宦官的消息，不知何时被泄露给了宦官那边。宦官们向何太后哭诉，何进的行动受到了牵制。

一日，何进受太后之召入宫。他并非先知，没有料到这是宦官的诡计。何进刚刚进宫，就被手持武器的宦官瞬间包围，斩杀于嘉德殿前。

“何进已伏诛！”

消息传来，袁术和何进的部下如雪崩般涌入宫中。至夕阳西下之时，袁术纵火点燃了宫殿。

何进被杀四天后，袁绍率军进入洛阳，争斗越来越激烈。

张让等人带着少帝和皇弟从洛阳北门脱身，逃往黄河边洛阳八关之一的小平津。秋天的太阳落山很快，一行人至此，四周逐渐陷入黑暗。这时，从身后传来军队的脚步声，是卢植率领的追兵已至。张让被杀，许多人跳入河中，皇帝兄弟也不知去向。与此同时，宫中的悲剧也达到了高潮。两千余名宦官，无论老幼，捕杀殆尽，其中还有人只因没有胡须而被误认成宦官。

另一边的少帝兄弟，正借着萤火，在洛阳城北的邙山彷

洛阳要图

徨前行。此处为墓葬之地，有诗云：

> 步登北邙阪，遥望洛阳山。

如诗中所说，站在邙山上可以将洛阳城尽收眼底，彼时兄弟二人的眼中映着的当是燃烧的战火。突然间，一群人从黑暗中现身，正是向洛阳进发的董卓军队。董卓以奇货可居，将二人迎至军中，翌日便进入洛阳城。

入城之后整整一日，董卓无视周围人的反对，强行为废立之事。少帝在位五个月便退位，改立为弘农王。代之即位的是其弟刘协，时年9岁。这就是董卓专政的开始。事情正沿着此前人们所担心的方向发展。与何进一同讨灭宦官的人也对董卓的专政感到失望，纷纷离开都城，逃往地方。不久，这些人之中就拉起了讨伐董卓的大旗。

那时，最被寄予厚望之人是袁绍。他曾对董卓丢下一句：

天下健者，岂唯董公？

便横刀长揖，径直而出，将司隶校尉之节（旗印[①]）挂于洛阳城上东门（东北门），出奔冀州。虽然不排除他有为抬高声望而自我表现的可能，但是袁绍家世显赫，实力强大，几乎无可挑剔。在当时，袁绍的从弟袁术、公孙瓒、刘虞、刘焉、刘表等人也都是出身名门、声望很高的人物。然而不得不说的是，这些人最终都为虚名所累。被视为东汉一流人物的曹操正在陈留（河南省陈留县[②]）着手募兵以攻董卓，虽然他有相当的实力，但由于养祖父是宦官，此时声名不显。孙坚也从家乡起兵向南阳（河南省南阳市）推进，加入据守于此的袁术军队。

就在各地讨伐董卓之兵群起时，董卓准备迁都长安。此事遭众人反对，但迁都还是强制进行了，董卓烧毁了洛阳。孙坚因大战董卓的部将华雄而威名大震，从洛阳宫中的井里

① 即日本战国时代战场上所使用的旗帜，在战场上起到识别的作用。

② 陈留县于1957年撤销，今属河南省开封市。

获得传国玉玺也是此时之事。这些都是后话。

迁都后不久，由于王允的计谋和部下吕布的倒戈，董卓被杀。将灯芯置于其肚脐之中点燃，火光竟彻夜未熄，这是说明董卓过度肥胖的一桩轶事。

四、袁绍与袁术

由于董卓之死，诸位将领失去了共同目标，不久便不复此前的统一，开始呈群雄割据状态。个中曲折不及详述，这里仅简单介绍与本书有关的人物。

幽州牧刘虞品格高洁，为政勤勉宽仁，着力开发盐铁产业，与鲜卑、乌桓等异族贸易而不起摩擦。因此，从南方来幽州避难之众达百余万。刘虞治下的幽州看似安定，但却存在一个相当大的隐患，那就是州内的军事力量掌握在公孙瓒手里。这两个人在对待异族的政策上也针锋相对，公孙瓒持武力征伐意见。依靠这位年长的朋友公孙瓒，刘备来到了幽州。话说回讨伐董卓的时候，袁绍为了干掉董卓，认为必须在自己这边也树立一个可以对抗东汉皇帝的人，首先选中的就是刘虞。袁绍计划立刘虞为皇帝，再由他让位给自己，这招致了曹操等人激烈的反对。

拥立之事由于刘虞本人的谢绝而没了下文，却成为袁绍和公孙瓒结合的契机。刘备从公孙瓒那里得任平原（山东省平原县）相，关羽和张飞被任命为别部司马，这便是在袁绍的支持下公孙瓒势力扩张的结果。然而，袁绍和公孙瓒的同盟很快就结束了，袁绍成了冀州牧，双方化友为敌。

另一边，袁术在黄河以南，以南阳为根基，势力延伸到扬州（江苏、安徽省）。而曹操自称兖州（山东省）刺史，逐渐在山东地区打下自己的基础，相比于刘备、孙坚早一步出人头地。此外，在兖州以南，还有自立于徐州（山东省）的陶谦。他没有卷入围攻董卓的战争，获得了号称僮客万人、资产巨亿的当地豪族麋竺等人的支持，得以开发产业，吸引大批流民来此定居，稳步培植实力。陶谦的部下笮融笃信佛教，修建了宏伟的佛寺，并为之造黄金佛像。

除此之外，北方还有董卓旧部吕布和李傕、郭汜等势力残存。现在将视角转向南方：刘焉在益州，刘表则自190年起

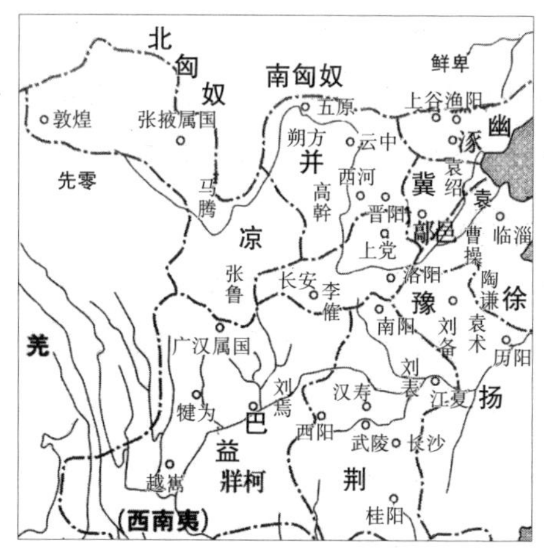

东汉群雄割据图

为荆州牧，赴任地与地方名族蒯越、蔡瑁等人结交，力图安定州内。

这幅群雄聚合离散的纷争画卷，展开的第一幕便以袁术、袁绍相争为主题。袁术一方召集公孙瓒、陶谦、吕布等人，刘备属公孙瓒部，孙坚从一开始就是袁术的部下。另一边，袁绍则与刘表结盟。曹操因此前父亲曹嵩被陶谦的部下所杀，为寻找机会报父仇，暂时归袁绍阵营。刘焉自守益州，没有卷入这场争斗。

袁绍与公孙瓒之间的战争开始时，刘备还是公孙瓒的一员武将。而后陶谦因遭曹操攻打，向刘备求援。结果，刘备不知何时离开了公孙瓒，成为陶谦的部下，原本效力于公孙瓒的赵云也在此时成为刘备的部下。

兴平元年（194年），曹操出兵徐州，屠杀男女数十万，与刘备战于郯（山东省郯城县）东。曹操因军中发生了陈宫等人的反叛而从徐州退兵，然而陶谦因受曹操之攻而忧心以致病倒，病逝于当年。临死前，陶谦将麋竺喊来嘱咐说：

“非刘备不能安徐州也。”

陶谦死后，麋竺率州人代表奔赴小沛（江苏省沛县东）的刘备帐下，然而刘备并不接受。接下来，就有了陈登与刘备的如下对话：

“今汉室陵迟，海内倾覆。立功立事，在于今日。徐州殷富，户口百万，请阁下临徐州治理此地。”

“袁公路（袁术）近在寿春（安徽省寿县）。此君出身四世三公之家，得海内人望，陈登，您可以将徐州交给他。”

“袁公路乃骄豪之人，没有治乱之主的器量。如今欲为阁下合步兵、骑兵十万，上可以匡主济民，下可以割地守境，书功绩于史书。即便阁下不同意，我也主意已定。”

陈登以坚定的决心相告，北海（山东省昌乐县）相孔融也对刘备说：“袁公路岂是忧国忘家之志士？冢中枯骨，何足介意。今日之事，百姓支持有能之人。上天所赐若不取，只怕追悔莫及。”

说这番话的可不是什么旁人，而是孔融，孔子的二十世孙。这两人的相识可以追溯到刘备还在公孙瓒那里任平原相之时。当时孔融刚成为北海相，任所遭到黄巾余党攻击。为此，孔融向刘备求援，迎来孔融使者的刘备惊呼道：“孔北海乃复知天下有刘备邪?”随即派兵三千相助破贼。

由于陈登和孔融的热心劝说，刘备就任徐州牧。然而，此时他实力尚不甚强，很不稳定，在袁绍、袁术以及曹操等强大的势力面前根本不值一提。

作为袁绍、袁术战争的一环，刘表与孙坚战于荆州。初平三年（192年）一月，孙坚在与刘表部下黄祖的军队交战时被射杀。长子孙策随即继任。

兴平元年（194年），诸葛玄被刘表任命为豫章郡（江西省南昌市）太守，孔明和弟弟诸葛均随叔父赴任地。由于中央政府派遣的太守周术病故，刘表便擅自以诸葛玄继任。与此同时，与袁术对抗的曹操命朱皓继任豫章太守。朱皓赴任途中遇诸葛玄阻拦，未成。就在此时，朱皓得刘繇相助，笮融亦出兵，诸葛玄遂败走西城（南昌西）。[①]建安二年（197年），诸葛玄在土民叛乱中被杀，此时孔明17岁。一直以来依靠的叔父去世了，孔明由西城再次回到荆州，在襄阳（湖北省襄樊市[②]）西北二十里的隆中住了下来。

---

① 《三国志·蜀书·诸葛亮传》载："会汉朝更选朱皓代玄。玄素与荆州牧刘表有旧，往依之。玄卒，亮躬耕陇亩，好为《梁父吟》。"而裴松之注引《献帝春秋》："初，豫章太守周术病卒，刘表上诸葛玄为豫章太守，治南昌。汉朝闻周术死，遣朱皓代玄。皓从扬州太守刘繇求兵击玄，玄退屯西城，皓入南昌。建安二年正月，西城民反，杀玄，送首诣繇。"卷四十九《吴书·刘繇传》亦有裴注引《献帝春秋》："是岁，繇屯彭泽，又使融助皓讨刘表所用太守诸葛玄。许子将谓繇曰：'笮融出军，不顾（命）名义者也。朱文明善推诚以信人，宜使密防之。'融到，果诈杀皓，代领郡事。"作者从《献帝春秋》。不过据上引史料及《后汉书·陶谦传》也可知，笮融出兵最终攻打的是朱皓。

② 襄樊今属湖北省襄阳市。

第三章
青年时代

一、梁父吟

从17岁开始，孔明在襄阳一住近十年，度过了多愁善感的青年时代。襄阳到底是个什么样的地方呢?

有汉水一河，发源于遥远的陕西省，西流[①]遇桐柏山脉南折，与淯水合流后几乎纵贯湖北省，最后在汉口注入长江。此河也称沔水，襄阳正位于其流向南折之地，自古就是交通要冲。从春秋到战国时代，此处地属楚国，所谓“旧楚之北津，从襄阳渡江，经南阳，出方关，是周、郑、晋、卫之道”。而经由汉水，可以到达陕西、四川乃至长江流域，因此只要身在襄阳，便知天下情势。

不知不觉间，孔明已成长为身长八尺（184厘米）有余的青年。晴耕雨读，偶尔登临家园以西的乐山，徘徊低吟，每

① 应为“东流”之误。

襄阳位置图

每所吟为故乡山东流传的民谣《梁父（甫）吟》，让我们来听听这首歌：

> 步出齐城门，遥望荡阴里。
>
> 里中有三墓，累累正相似。

齐城在山东省临淄，春秋战国时代是齐国的首都。荡阴里在齐城南，有三座形状相同的坟墓。

> 问是谁家墓，田疆古冶子。
> 力能排南山，文能绝地纪。

所谓的“三墓”，这里只提到了田氏和古冶氏，还有一个是公孙氏，三人皆是文武全才。

> 一朝被谗言，二桃杀三士。
> 谁能为此谋，相国齐晏子。

这一节是出自《晏子春秋》的故事，类似“帕里斯的审判”。[①]

“春秋齐景公时代，有公孙接、田开疆、古冶子三勇士。宰相晏婴担心三人的权势，若三人中有一人起事作乱，恐怕齐国便会有灾难，于是向景公献计除掉三人。景公听从晏婴的谋略，派使者给三人送去两只桃子，下令说：‘你们中间最勇武者，可取此桃。’这时，公孙子心中想：‘这一定是晏婴为了除掉我们三人的阴谋吧。然而我曾搏杀老虎，勇武之名在外，不能一桃不拿。’于是取走一桃。田开疆以自己有率三军之功，也取得一桃。目睹这种情况的古冶子，怎么会沉默呢？

“‘过去我随主君渡河时，不会游泳却潜入河中捕杀鼋（大龟），人们都称赞我是河伯（河神），我才有获得桃子的资格，诸君把桃子还给我。’古冶子说着拔剑而起。公孙子、田子二人感叹道：‘我等之勇不及君，不让桃是为贪心，不死是为无勇。’二人归还桃子后挥剑自杀。古冶子见此也慨叹道：‘二人死而我独生是不仁，羞辱别人而自矜为不义。’未曾取桃便同样自杀了。使者回来向景公报告了三人之死，公以厚礼为三士下葬。”

这个在山东传唱的故事，讲述的是晏子成功确立君主权威的功绩。孔明因思乡而总是吟唱这首歌，然而他所尊敬的

① 希腊神话中，纷争女神厄里斯用一个写着“送给最美丽的女神”的金苹果，引发了天后赫拉、智慧女神雅典娜和美神维纳斯的争斗，最终请特洛伊王子帕里斯裁决。

政治家，并不是像这样专事权谋之术的晏婴。孔明一直自比为管仲、乐毅。管仲也是孔明故乡齐国之人，任桓公宰相，辅佐桓公成为首位霸主。而乐毅是战国时代燕国的上将军，仕于昭王，率领五国联军取邻国齐国七十余城，勇武之名大振，齐人闻之丧胆。文臣则为管仲、武将则为乐毅，孔明不仅如此期许，还有必能成功的自信。

二、孔明和襄阳社交界

由于孔明与别人谈及自己的将来时，总以管仲、乐毅自比，起初，别人对这个家伙的豪言壮语并不理睬。唯有崔州平和徐庶（元直）看到了他的才能，认同这样的大话。后来，孔明追忆此两人：

> 昔初交州平，屡闻得失，后交元直，勤见启诲。

又有：

> 势利之交，难以经远。士之相知，“温不增华，寒不改叶”，能四时而不衰，历夷险而益固。

崔州平出身博陵（治今河北省博野县）崔氏，家族是东汉时代的一流名门。徐庶则是颍川人。二人在隆中附近的檀溪以北建有住宅。

在这两人之外，孔明还有很多朋友。他与石韬（字广元）、孟建（字公威）一同游学，其师与游学地点则不得而知。不过，当时荆州备受尊崇的老师有司马徽（德操）、宋忠（仲子）等人，他们门下甚至有从四川远道而来求学之人。

孔明的学习方法与学友们极为不同。学友们一字一句地详细解释经书，这是正统的方法，而他则观其大意，因为他已经厌倦了当时烦琐的研究。

司马徽和石韬都是颍川出身，孟建是汝南（河南省汝南县）人。此外，襄阳当地还有庞德公、山民父子。庞山民娶了孔明的姐姐为妻，因此他们成了内兄弟。庞山民后来仕魏为黄门吏部郎，年纪轻轻就去世了。此外还有庞德公的从子庞统（士元），他比孔明年长两岁，因性情朴钝而不引人注意。一日，庞统去拜访司马徽。当时司马徽正攀在桑树上采摘桑叶，庞统坐在树下，与树上的司马徽对话，以至于忘记了时间，不知不觉谈到了入夜时分。而后司马徽大赞：

统当为南州士之冠冕。

在当时，司马徽以对人物评论有独到见解而著称。获得此人的认可，庞统之名逐渐为人所知。庞德公也评论道：

诸葛孔明为卧龙，庞士元为凤雏，司马德操为水镜。

在以这些人为中心自然形成的襄阳社交圈中，人人讲述自身抱负，评论天下人物，议论世界形势。试着稍微想象一下身处其中的模样：

“这位荆州牧刘表如何？”

“刘表是党锢的幸存者，有见识也有学问，领南阳、南、江夏、竟陵、零陵、长沙、桂阳、武阳八郡，[①]拥兵十余万，物资丰富。然而刘表怎么说还是旧派的政治家，到底能不能渡过这乱世呢，真让人不放心。如今，北方是曹操和袁绍对立，无论哪一方获胜，都会争夺荆州。”

“但刘表已与袁绍结盟，若曹操获胜固然危险，若是袁绍获胜，彼此之间有同盟之谊，应该不必担心了吧？怎么说袁绍也是四世五公之家。”

“这么说也有一定道理。可是，正如孔融说过的‘袁氏为冢中枯骨’，当今之世，相比于家世，实力才是最重要的。曹操那边还是更强大一些。”

“曹操之流充其量是宦官子孙，没什么大不了的。”

“并非如此。诚然曹操的祖父是宦官，父亲的官职是

---

① 竟陵应为章陵，武阳应为武陵。刘表统帅的所谓“荆州八郡”具体何指，《后汉书·刘表传》李贤注引《汉官仪》：“荆州管长沙、零陵、桂阳、南阳、江陵、武陵、南郡、章陵等是也”，洪亮吉、王先谦皆认为“江陵”应作“江夏”。

买来的。可如今汉天子也寄身于此人。这样一来，他就是政府军，袁绍反成了叛贼。”

“要这么说的话，刘表也是汉室一族。但是曹操究竟是个什么样的人？能否再多做些说明呢？虽然这么说有点难为情……”

“没问题。曹操年少时，桥玄就对他说：‘天下方乱，群雄虎争，拨而理之，非君乎？’听说许靖的从弟许劭（子将）评价他为‘治世之能臣，乱世之奸雄’。且不论这些评价，他确实具有统率力，无论是作为武将，还是作为政治家，都确有非凡的才能。最近，他在根据地许地（河南省许昌）开展屯田，这就是很好的证明。此外，他十分热衷学问，同时还是个文学家，所作乐府歌词（歌谣曲的词）多为杰作。”

“乐府歌词的作者是干什么的呢？不作赋吗？”

“今天且不谈文论。他还有一班优秀的部下。荀彧是可与汉高祖的张良相比的谋臣，迎献帝至许地也是因为荀彧力主如此。曹操已经杀了吕布，袁术虽一时称帝，意气风发，但待孙策等部下离去，到头来还是败给了曹操，吐血而亡。袁绍与曹操相战，获胜的岂不定是曹操？”

“曹操若取胜，荆州也就危险了。”

“是啊。刘备也好，孙策也好，虽然都是人物，却无法和曹操对抗。”

在这样的时候，孔明常抱膝长啸，并在这种氛围中萌生了天

淮水流域

下三分之策。

有时候，孔明也会提供话题：

> “如果诸君为官的话，应当会做州刺史或者郡太守吧？”
>
> “你到底打算去哪边大显身手？”

孔明笑而不语。

三、曹操与刘备

建安五年（200年），袁绍与曹操在官渡（河南省中牟北）

进行了“决定天下之战”。这场战役之前，刘表幕下也讨论了胜败的走向以及相应的对策。结论是，与其见风使舵地观望形势，不如选择一边。要选择的话，自然应该选曹操。韩嵩、蒯越强烈主张如此，然而关键人物刘表念及与袁绍的旧谊，态度不明。正在他摇摆不定之时，九月，双方战争的大幕拉开了，曹操获胜，几至整个北方霸权在握。

此时刘备在做什么呢？他在官渡之战中为袁绍方作战，因此正蒙受重创。

书接上回。刘备虽然从陶谦手中接过了徐州，但是这股力量极其不稳定。首先就是袁术从东边入侵。得到这两人敌对的消息后，曹操为了多多利用对抗袁术的势力，封刘备为镇东将军、宜城亭侯。这样，刘备与曹操便暂时握手言和。彼时为建安元年（196年）。

刘备与袁术对抗之时，瞄准这一间隙的吕布从北边攻入，捉住了身处下邳（江苏省邳州之东）的刘备家人。刘备被迫至此地与吕布讲和，家人才平安回到刘备身边。然而，二者间的和平并没有持续多久。刘备将关羽留在下邳，自己回到沛地，募集数万军队后重新开战。然而局面对刘备不利，他只好向曹操求助。曹操厚待刘备，同时派夏侯惇前去救援。此后，曹操亲自出马，终于生擒吕布，并将其缢杀。临死之际，吕布瞪着刘备大叫：

大耳儿最叵信！

打败吕布之后，曹操仍然厚待刘备，外则同车，内则同席。然而，刘备的野心不只是庸庸碌碌地做曹操的部下，他可是个一刻都安分不下来的人。东汉末年的群雄，刘备可以说都曾经联手过。生于涿县的田舍，虽然据称是刘氏一族，却几乎没有任何背景，为了出人头地，某种程度上或许不得不如此。吕布最后所言，可以说折射出了那个时代对刘备的一种评价。

促使刘备背叛曹操的是献帝身边的反曹操派。这一派的中心是外戚董承，他试图借助刘备的力量打击曹操。一日，董承衣冠束带来拜访刘备。刘备出迎，看到他从衣带中取出一通书信，那不正是皇帝的密诏吗？

当诛曹公！

这一计划事前便泄露到了对方那里，曹操却佯装无事约刘备吃饭。席间，曹操对刘备说：

今天下英雄，惟使君与操耳。本初（袁绍）之徒，不足数也。

听到这话，刘备不觉掉了筷子。另一种记载则说，曹操与刘备谈话之时正有雷鸣，刘备假装被雷声惊吓到，丢了筷子。

后来，董承一伙伏诛，刘备也跑到了下邳。随后他把关羽留在下邳，自己回到小沛。这次他想与袁绍结盟，袁绍此时人心渐离，而他也对刘备敬而远之。

建安五年（200年）一月，曹操为官渡之战做准备，亲自率兵攻打刘备。刘备败走青州（山东省），妻子再次被生擒，股肱之臣关羽也被捕了。当时的青州刺史袁谭是袁绍之子、刘备故吏，在他的牵线下，刘备和袁绍终得会面，刘备也得以重振势力。

另一边，曹操任命关羽为偏将军。关羽知道曹操看重自己，然而正因如此，关羽心中一定很难过，他满心所思所念皆为旧主刘备。他们二人与张飞结为义兄弟，有着寝则同床的情谊。然而，反观今日之境遇，自己却被刘备的仇敌曹操所捕，受到他的优待。依照关羽的性格，哪怕只受过一次恩情也无法背弃。这就成了关羽的巨大烦恼。正当此时，袁绍的大将军颜良奉命攻打东郡（河南省濮阳）。曹操以张辽和关羽为先锋，这正中关羽下怀。机会来了，关羽在这次战役中为曹操奋战，作为对他的报恩，并决心回到刘备那里。这场战役就是“白马之战”，白马今位于河南省滑县。他一看到颜良的战车，便扬鞭策马突入阵中，一刀斩杀颜良。在这惊人的威势之下，袁绍部将皆不能敌。既有如此战功，曹操同意关羽回到刘备帐下，还给予了丰厚的恩赏。这也是唯有英雄知英雄吧。

官渡之战

关羽将这些赏赐封存起来，留下与曹操道别的书信离去。曹操的部下欲要追赶，曹操却只说了这样一句话：

> 彼各为其主，勿追也。

不久，“官渡之战”发生了，第二年又有“仓亭（河北省南乐[①]）之战”，两次战役中袁绍大败。刘备抛下了袁绍，寻求荆州为下一个容身之处。麋竺、孙乾二人拜访刘表，传达了这一意图，刘表也表示赞同。刘备便驻扎在了新野（河南省新野）。

刘备寄身于荆州，自然应当听说过孔明。孔明此时21岁，已到了做官的上佳年龄，但到二人相识之时还要经过七年的岁月。对刘备来说，这七年的时间恐怕是生命中最没有风浪的一段吧。刘备如厕时看到大腿内侧已生赘肉而发出感慨，就是这个时期的事（髀肉之叹）。

另一边，孔明这些年也是一样，继续过着晴耕雨读、参

---

① 南乐在河北、河南交界处，南乐县今属河南省濮阳市。

与谈论的生活。那时候，友人孟建因出仕曹操而前往中原，庞统在荆州的政府中任职，兄长诸葛瑾则寄身于孙氏效力。他的身边也在一点一滴地发生着变化。

四、结婚

襄阳有一黄承彦，此人是沔南（沔水之南）名士，娶同为名门的蔡讽之女为妻。蔡讽还另外有一儿一女，儿子名为瑁，刘表初来荆州时就开始帮助他，女儿成了刘表的后妻；蔡讽的姐姐则嫁给了张温。这就是地方名士之间的联姻。一天，黄承彦拜访孔明，郑重地说：

“听闻您正在寻找良人，实际上我有一个女儿。此女丑陋，黄头黑色，容貌无任何可取之处。不过，虽由我这个为人父的来说有些奇怪，但她确实才能卓越，与您简直十二分地般配。”

听到这番话，孔明马上答应下来，将她迎娶回家。人们闻此嘲笑道：

> 莫作孔明择妇，正得阿承（黄承彦）丑女。

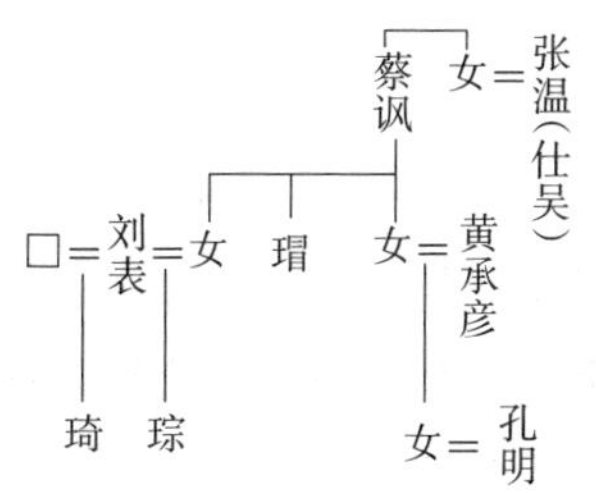

蔡氏系图

然而，这位女子不愧为一位贤夫人，辅佐忙于公务的孔明，让他没了后顾之忧。

孔明在中国自古以来就有许多崇拜者，有关他生平的“孔明故事”也就自然而然不断在增加。关于他的妻子黄氏，在12世纪末写成的《桂海虞承志》[①]中有这样一个故事：

“一日，孔明家中有客人拜访。孔明让妻子做面，片刻间就做好了。孔明对此感到不可思议，悄悄去偷看，发现是木偶在斫麦、磨面。孔明向妻子学来了运作木偶之法，这就是木牛、流马的灵感来源。”

五、孙权

孙策后来怎么样了呢？他继承了父亲出众的武艺，颇得人心。又有挚友周瑜，周瑜与孙策同年，二人先后娶桥玄之女、一对著名的美人姐妹为妻，因而成为连襟兄弟。

孙氏在孙策之父孙坚时从属于袁术，在袁术有自立为天子的野心后，就和他断绝了关系。这显示出孙氏已在江东培植了一定的实力，没有必要交结中央势力了。不仅如此，中

---

① 应为宋人范成大所著《桂海虞衡志》之误。以下所引故事未见于今本《桂海虞衡志》，但见清人张澍所编《诸葛忠武侯文集》后收“故事”卷四引：“沔南人相传：诸葛公居隆中时，有客至，属妻黄氏具面，顷之面具。侯怪其速，后潜窥之，见数木人斫麦，运磨如飞，遂拜其妻，求传是术，后变其制为木牛流马。”参见段熙仲、闻旭初编校：《诸葛亮传》，北京：中华书局，1960年版，第201页。

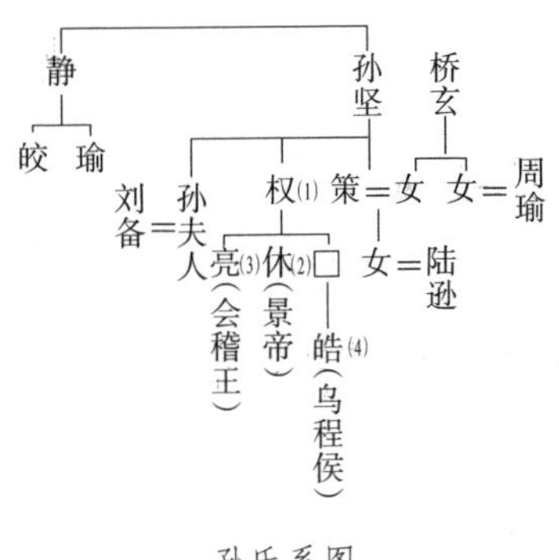

孙氏系图

原群雄也在关注孙氏的动向，想与之建立关系，以解除对江东方面的担心。曹操听说孙策离开袁术之后，任其为讨逆将军，封吴侯，更与孙氏联姻。

然而，孙策在建安五年（200年）遇刺客袭击，受伤以致去世。知道自己难免一死，他将部下张昭等人召集到床边，留下遗言：

"中国如今正处乱中。如果能利用吴越之众、三江之固，则不需其他势力，便可观天下形势。请诸位好好襄助吾弟！"

接着又喊来弟弟孙权说："举江东之众，争战于群雄之间，这一点你不如我。但是任用贤能，让他们各尽其力，以保江东，这一点我就不如你了。"

当晚，孙策去世，年仅26岁。取代他的是弟弟孙权，年十八。孙权继承了从今浙江省中部、江苏、江西到安徽部分地区的势力范围，还有周瑜、张昭等前代宿将，以及鲁肃、诸葛瑾等新入仕的人才辅佐，这些构成了后来吴国的基础。

孙权和鲁肃二人围坐桌前，一边饮酒一边密谈。

孙权："如今汉室倾覆，四方群雄搅动风云。我继承父兄的事业，想要成就古之齐桓公、晋文公那样的霸业。

君既倾心辅佐我，对此有什么办法呢？”

鲁肃：“从前，汉高祖尊义帝（秦末起兵的将领项羽、刘邦——也就是汉高祖——等人共同拥立的皇帝），欲事而不得，是因义帝为项羽所杀。依如今的形势，曹操就是项羽（汉朝皇帝相当于义帝，君为高祖）。况且时代已不同，无法成就齐桓、晋文时代的霸业。窃以为，汉室已无法复兴，曹操最终也除不掉。若为将军计，则只有一条路，那就是保全江东，与其他两股势力鼎足而立，观望天下相争。天下形势如此，又何必厌烦呢？北方确实多事，若趁着北方多事讨灭黄祖，进而伐荆州刘表，就可以占领扬子江上游。此后便可以称帝征服天下，建立高祖之事业了。”

孙权：“如今，尽一方之力，无论如何都希望能辅佐汉室。你所说之话是我力所不能及……”

虽然鲁肃的献策没有被马上接受，但是，可以指出的是，这一时期对天下局势感兴趣的有识之士中，有一些人已预测到，混乱至极的汉末世相正渐渐往一定的方向演变：像延续四百年的汉王朝那样完全统一的中国将不得见。在这个意义上，鲁肃的献策和孔明的三分天下之计有着相通之处。

第四章
出庐

一、与刘备的邂逅

在刘表手下发出“髀肉之叹”的刘备，终于有了施展身手的机会。

建安七年（202年），刘备应刘表的要求，自新野出于叶（河南省平顶山市），迎战曹操部将夏侯惇、于禁，大破其部。次年，曹操在西平（河南省西平县）反击刘表军队获胜。虽然双方存在这样的小规模冲突，但是一直到建安十二年（207年）前后，曹操的主力都在北方与袁绍残部和其联结的乌桓作战。而对曹操来说，北方平定后，下一个目标就是南边的荆州。曹操大军压境之时，刘表当真靠得住吗？众人皆担心此事。倒是刘备还有些能力吧？随着时间的流逝，看破了刘表的人们聚集到了刘备帐下。这刺激了内心多疑的刘表，两人的关系逐渐降到冰点。而刘备虽然人气渐涨，却有一个弱点，那就是缺少谋臣。关羽、张飞、赵云都是一骑当千的猛士，然而对于他们来说，要洞见时势变化，并使出相应的政治、外交手腕，则是不可能完成的任务。刘备开始四处寻求在野的遗贤。

> “儒生俗士，不识时务，唯有俊杰得识时务。此地亦有遇云则升天的伏龙、长成便能振翅的凤雏。”
>
> “所指究竟是谁?”
>
> “就是诸葛孔明和庞士元。”

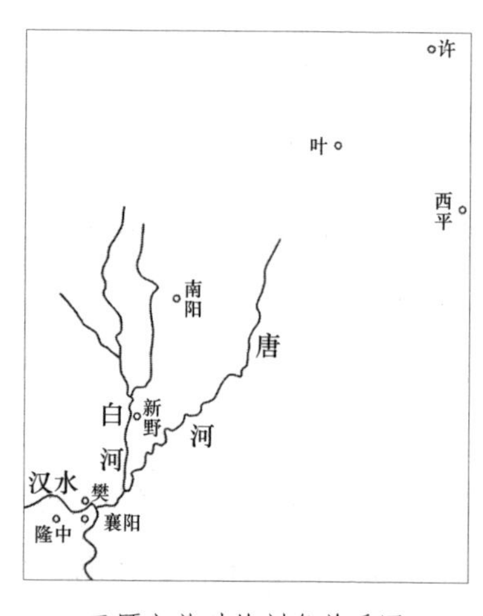

三顾之礼时的刘备关系图

此外，还有人前来拜访刘备，徐庶就是其中一人。刘备认为他是有才干的人物，徐庶却说：“我有一友人名为诸葛孔明，此人卧龙也。将军愿意一见吗?”

“好啊，既然是您的朋友，就请您带他来吧。”

“此人应由您去见他，而非招来此处。还请将军屈尊，前往孔明家拜访。”

刘备接受了徐庶的建议，径直去位于隆中的孔明草庐拜访。孔明既有诸葛氏的社会声望，自身也有才能和见识，无论从哪个方面看，都是能够帮助刘备另辟天地、复兴衰败的刘氏天下的难得人物。大约是基于这样的判断，刘备才顶着左将军宜城亭侯豫州牧的头衔，去拜访比自己年轻二十多岁的青年诸葛亮。若说此时刘备心中尚有存疑虑之处，可能在于近来突然间猜疑排挤自己的刘表之后妻，与孔明岳母正是姐妹。刘氏和蔡氏之间缔结了两三桩婚姻，孔明也在这张姻亲网络之中。但是，刘备还是决定去拜访孔明。从新野到隆中约20里（8.3千米），刘备三度往返，才终于得以与孔明见面，这就是著名的三顾之礼。承蒙刘备造访的孔明，从很久以前就自比为管仲、乐毅，但是一直没有遇见他的桓公、昭王。如今还有值得效力的人物吗？孔明住在襄阳附近，常常和朋友谈论，对刘备的为人相当了解，对曹操、刘表、孙权亦是如此。只是他并没有前往北方、扬名中原的想法。兄长已然出仕孙权；刘表如今年老，其子正相互争夺，不值得效力。就在此时，刘备出现了，三顾孔明于茅屋之中。刘备的热忱和真诚打动了孔明，他下定决心要为刘备效力。

关于二人的邂逅，另有一种记载是刘备来到荆州时，孔明前来拜访。这和孔明的自述相互矛盾，并非事实，但是有助于了解当时荆州的情况，因此仍作一介绍：

得知曹操平定北方，孔明认为荆州已危。然而荆州牧刘表性格优柔寡断，对打仗一窍不通。就在此时，他注意到了刚刚来到荆州的刘备，依靠此人当可保荆州无虞。

那天，刘备正出席在樊城召开的会议，一位客人被引入末座。是个刘备没见过的年轻人。这样的事并不稀奇，刘备没想要留意这不值一提的小事，年轻人也沉默不语。不久，会议结束，宾客四散而归。刘备注意到，方才那个年轻人还留在原地，但他并没打算搭话，只是摆弄着客人送给他的牦牛尾所制饰物。忽然间，那个年轻人走了过来，对刘备说："将军贤明，应当志向远大，为何只是在这编着毦（毛织装饰）呢？"

这个年轻人就是孔明。刘备惊讶地将毦丢在一边，原以为这小子不过一书生，谁知并不寻常，刘备这样想着，回答道：

"这是什么话！我不过是以此为消遣，稍稍忘记烦心事而已。"

"将军觉得，刘表的势力能比得过曹操吗？"

"无论如何也比不过。"

"如果是将军自己的力量与曹操相比呢？"

"当然也是不如。"

"如今，刘表也好，将军也好，都不及曹操之力。将军所率不过数千人之众，就靠这些部卒有什么办法迎敌呢？"

"我也正忧心此事，可该怎么办呢？"

"荆州之人原本并不少，只是在籍的人少罢了。如果将本地户籍之人征为士兵，则人心不悦。可以向刘表建议，在州中下令，户籍之外人口皆需申报，从中征发士兵，这样军队的人数就可增加了。”

于是，刘备便听从了这一计划，将孔明奉为上宾。

二、天下三分之计

刘备求访孔明，第三次终于屏退旁人，获得与之对坐讨论时势的机会。那时孔明对刘备说的话，也就是“草庐对”，被称为“天下三分之计”。这是孔明平时酝酿于胸中的抱负。刘备首先发言：

“汉室倾颓，奸臣窃命。虽然我自己的德行能力尚且不足，见此情景，也愤慨不已，想于天下伸张君臣大义。然而我才智与谋略皆短浅，因此失败，落到今日的境地。我仍不想放弃自己的志向，请问先生该如何是好呢?”

孔明为回答刘备的问题，开始了演说：

“自从董卓入都城洛阳以来，豪杰并起，跨州连郡者不可胜数。曹操与袁绍相比，名望不高，人手不多，但是曹操最终却能战胜袁绍，以弱胜强不止是因为天时，也依靠人谋。如今曹操已将兵百万，又挟天子以令诸侯，实难战胜。而孙权也是个大人物，手握江东（扬子江以南）地区，已延续三代，国有天险，人民依附，部下皆贤能，可以与之建立良好的合作，但不可取其领土。荆州之北有汉、沔两条河流为屏障，南通南海，有贸易之利，东有通往吴、会稽之路，西连巴蜀（四川），宜为用武之地，然而治理荆州的刘表并无守住此地的能力。这正是天赐予将军您的，将军可有意于此地吗？荆州之西有益州（四川），四面环山，敌人无法侵入，且益州中部平坦，沃野千里，盛产粮食，是天府之土。汉高祖在此地称王，而后统一天下。益州牧刘璋（刘焉之子）无知懦弱，北有张鲁所率五斗米道，就连此等盗贼也防不住。土地肥沃，人口众多，国家富有，却只知道从百姓手中索取，不顾贫民困苦。因此，益州有智之士皆想另拥明主。将军为帝室之胄，信义天下皆知，英雄已尽收帐下，犹求贤若渴。若能掌握荆、益二州，守此难犯之境，征服西南夷戎，结好吴之孙权，整顿国内政治，一旦天下有变，命上将率荆州之兵向宛、洛（河南），将军亲率益州之众出击秦川（陕西），到时候百姓必会前来欢迎将军。如此则霸业可成，将军兴复汉室的目的必可达到。”

“好！”

刘备大为赞赏，就这样，孔明加入了刘备的阵营，信任日增。这样一来，关羽、张飞便不高兴了。他们是刘备的结拜兄弟，不辞劳苦，为刘备效犬马之力，是虽非同生，誓要同死的关系。然而，主公最近却一直亲近那个新来的书生孔明，二人气愤难平。这件事不久就为刘备所知，他将两人叫来说：

“我与孔明的关系，犹鱼之有水。鱼一日无水就会死掉，我是鱼，孔明为水。请诸君不要再发牢骚了。”

此后，两人不再有怨言。这就是君臣“鱼水之交”。

这一年，刘禅（蜀汉的后主）出生了，小名叫作阿斗。其母甘夫人是沛人，是刘备在小沛时的二夫人。刘备屡次失去正夫人，她将家事承担起来，打理得很好。

孔明的“三分之计”与此后的历史发展实在太过一致，因此也有人怀疑其真实性。笔者认为，现在流传的“三分之计”，也许在孔明之说的基础上多少有所润色，但核心应该没有变化。换言之，北方的黄河流域、南方的扬子江下游分别在曹氏、孙氏的治下，逐渐成为稳定的政权。但是，荆州和益州现在的州牧却难以与之抗衡。因此，如果这些土地为曹氏或孙氏所控，则可以一统天下，但若出现第三个人以此为根据地活动的话，天下不就会一分为三吗？这是当时世论的代表意见。鲁肃早已提出过同样的意见，甘宁也对孙权说过类似的话：

“如今，汉室衰微，曹操日益骄横，终究还是想要篡夺天下。他所控制的北方地区难以撼动，而荆州在吴以西、扬子江上游。我曾出仕荆州牧刘表，此人不懂战争，也没有长远的眼光，他的儿子更加愚蠢，连刘表的事业都难以继承。将军应该早图荆州，决不能落后于曹操。”

第五章

赤壁之战

一、曹操南征

建安十三年（208年），赤壁之战爆发。战争最终的结果是遏制了曹操的南进，孔明的“天下三分之计”迈出了第一步。赤壁之战正是围绕荆州进行的“决定天下之战”。在这场于十月打响的战争之前，到底发生了什么呢？

正月，曹操北征乌桓凯旋之后，立即在邺城掘玄武池，操练水军，为出征南方扬子江流域做准备。六月，曹操被任命为东汉的丞相。“丞相”这一官职在当年正月才设立，可以说，曹操已完全把持政治实权。

七月，曹操终于引兵荆州。首先是将军张辽向长社（河南省长葛市西[①]），于禁向颍阴（河南省禹州市东南），乐进向

① 长社应在今长葛市东。

阳翟（河南省禹县[①]）进军。这些都是官渡之战前曹操的根据地，距离为因战失主之地募民屯田的许地很近。同一时间，孙权接受甘宁的建议，讨伐刘表所置江夏太守黄祖，为父报仇，同时为占领荆州铺路。这样一来，刘表逐渐腹背受敌。然而，还不及应对，刘表便于八月病逝了。

刘表有两子，长子琦，次子琮。琮的母亲是刘表的后妻蔡氏，即前文提到的蔡氏家族出身。蔡瑁在刘表到任荆州之后，率当地豪族跟随刘表，是其政权的支柱。因此，刘表逐渐倾向于立刘琮为继承人，而疏远了作为兄长的刘琦。刘琦欲问计于孔明，然而孔明的主君刘备此时是刘表的将领，孔明不能轻易答应。此外，刘备已负人望，遭到刘表猜忌。孔明顾左右而言他，拒绝了与刘琦的会面。

在此情景之下，有一次，刘琦携孔明同游后园，邀其上高楼。楼上备有酒食，二人于此对酌。而后刘琦的部下按照事先的命令，悄悄撤走梯子，令二人无法下楼。刘琦见状说道："如今你我上不至天，下不至地。先生之言仅入于我耳，现在您可以说了吗?"

孔明确认不会泄密，于是从容答曰："您可知春秋时代，晋国的申生在国内身处险境，重耳（晋文公）出国而得保安全?"

孔明是劝说刘琦离开荆州的首府襄阳。刘琦按照孔明的

---

① 1988年禹县改名为禹州市，由许昌市管辖。

指点运作，被任命为江夏太守，这一位置在黄祖被杀后空了出来。这是刘表临死前发生的事情。不久之后，刘表病笃，刘琦欲从任地回来探病，遭蔡氏一派阻挠而返。刘表甫一去世，刘琮便立为新主。

刘琮的新政权首先必须面对的问题，便是该采取什么手段对付曹操。刘琮在襄阳，刘备驻扎在樊地，曹操九月已向新野进军。刘琮帐前接连几天召开集体会议，蒯越、韩嵩、傅巽等人在会议上主张应该降曹，最终，他们的意见获胜了。这正合乎地方豪族想要自保的想法。

决意降服的刘琮连一声招呼都没跟刘备打，便举全荆州之境投降了曹操，曹操乘势逼侵刘备所在的樊城。刘备方对刘琮降服之事全然不知，被打了个措手不及，他一面派使者责问刘琮，一面召集部下商议今后应如何是好。有人认为，若此时攻打刘琮，正是占领荆州的大好机会。然而刘备认为，这是背弃刘表生前的恩谊和临终托付的信义，并不赞成。反过来说，即使占领了荆州，以刘备当时的兵力，无论如何也无法和曹操对抗。

于是刘备决定撤离樊城，南下江陵，到苍梧（广西壮族自治区）依附吴巨，跟随他的是孔明、关羽、张飞、赵云、麋竺、简雍、孙乾等人。

出樊城南行便是襄阳，孔明再次劝其攻打襄阳的刘琮，占领荆州。刘备只是简单地应了一句：

吾不忍也。

不过，他还是勒马，叫刘琮出来相见，据说当时刘琮吓得站都站不起来。既见不到刘琮，此地也无须久留，一行人继续向江陵南进。刘琮的左右听闻此事后，也有跟随刘备的，伊籍、霍峻、刘邕等人就是如此。孔明的旧友徐庶（元直）也火速赶到刘备军中。不过，也有刘巴这样跑到曹操帐下的人。

二、当阳长坂坡

刘备一行人数与日俱增，行至当阳（湖北省当阳市）时，已经成为一支十万余人、数千车辎重的大军。这些并不全都是作战人员，以刚出生一年的阿斗和他母亲甘夫人为首，还有很多拖累的妇孺。这样一来，行军速度就慢了下来，最后慢到日行十余里（1里约400米）。这样下去的话，什么时候才能到江陵呢？刘备虽已遣关羽另率水军数百艘船顺流而下，先到江陵，但陆路也必须加快进度。曹操听说刘备逃往江陵后下令："江陵军备物资丰厚，被刘备据为根据地可就麻烦了，要在他到达江陵前攻打。"曹操下此命令的消息传来，刘备的部下紧急上报说："应速取江陵，如今大军虽众，但能打仗之人少。若曹操大军压境该怎么办呢？"

对此，刘备的回答是："若成大事，必以人为本。如今我为人所信赖，怎么能弃他们而去呢？”

另一边，曹操刚自新野到襄阳，就先问道：“刘备怎么样了？”

“他已经此地向江陵去了。”

“派大将军曹纯、文聘速追。”

当即选出五千精锐轻骑追击刘备。曹纯是曹操的从弟，文聘原来是刘表的大将，或许因熟悉本地之事而获选派。襄阳、当阳相距约125千米，若曹操的军队以一昼夜三百余里（120千米）的速度追击的话，从襄阳出发后一天即可追上。

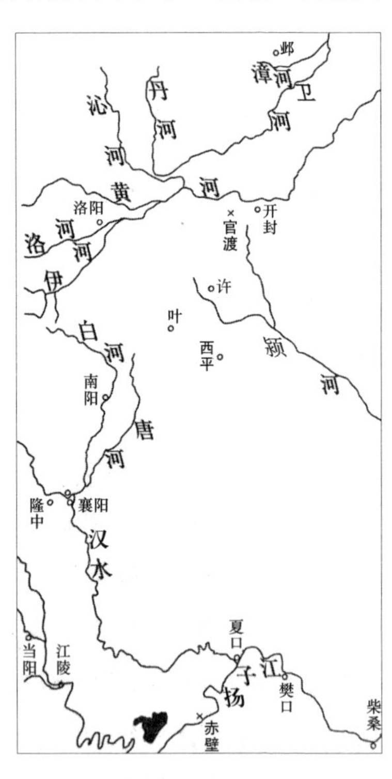

官渡—赤壁战间主要地名

就这样，在当阳的长坂坡，两军发生激战。这场战斗中，少而精的曹操军队痛击人数占优却都是些残兵败将的刘备军队。刘备与孔明、张飞、赵云等数十骑勉强逃出，众多人马和物资被抢，甚至连妻儿都落到了敌人手中。

而这场交战中威名大震的首推张飞，其次是赵云。张飞率二十骑殿后，于长坂桥上横矛瞋目，高呼道：

> 身是张益德也！可来共决死！

曹操的军威被其气势吞没，无一人敢上前，刘备一行得以平安逃走。

另一边，赵云将落入敌手的阿斗和他的母亲救出。当时，因为没有看到赵云的身影，有传言说他已逃跑，刘备并未当真："子龙（赵云）不会弃我而去的。"

刘备靠赵云大显身手救回妻儿，却最终失去了孔明的挚友徐庶。因徐庶的老母为曹操俘获，他迫于无奈向刘备告别，决定到曹操那边去。临别时，徐庶用手指自己的心，号泣道：

"我以此方寸之心，决心帮助将军成就霸业。然而，现在失去了老母，方寸已乱，无益于事。请从此别！"

后来，徐庶在魏国官至右中郎将。

仅以身免逃出当阳的刘备，斜趋汉津，在那里和先行出发的关羽水军会合，渡过汉水逃往夏口（汉口），在那里安顿下来。刘表的长子刘琦也率万余人赶来。

曹操占领了江陵。

三、鲁肃

本应南下苍梧的刘备，最终改以夏口为根据地，其中孙权部下鲁肃的劝说起了很大作用。

刘表临终时，孙权正在柴桑（江西省九江市）列阵讨伐黄祖。得知刘表已死，曹操自北方进军荆州后，孙权决定派使者去吊丧，同时打探荆州的形势和曹操军中的情况，为此起用了鲁肃。鲁肃很久以前就认为，孙氏应将荆州收入囊中，掌握扬子江流域，与曹操南北对峙。刘表去世时，鲁肃也对

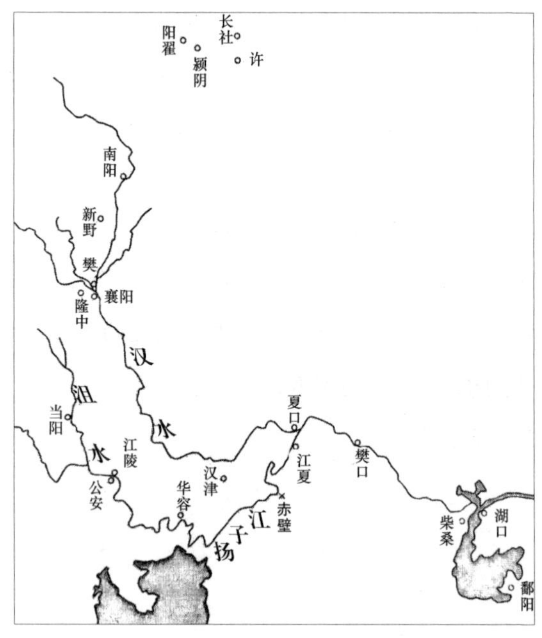

赤壁之战

孙权说：

“荆州与吴相邻，而此地有天险，沃野万里，经济富饶，人口众多。若占领此地，可为帝王之业的根基。如今刘表刚刚去世，两个儿子一向不和，诸将也分为两派。而寄居荆州的刘备则是天下枭雄，为曹操之仇敌。不如让我奉命去吊刘表之丧，说服刘备共抗曹操。刘备必定欣然从命。主君若与刘备合作，则天下可定。若不速去，恐为曹操所先。”

此即鲁肃得起用之原委。

鲁肃离开柴桑前往夏口时，便获得曹操开始向荆州进军的情报。他日夜兼程行至南郡（湖北省江陵县），等来了刘琮投降、刘备离襄阳南奔的消息。既然如此，无论如何也得在刘备被曹操追上之前面见他。鲁肃急忙北上，终于在当阳完成会谈。鲁肃传达了孙权有与刘备结盟的意愿之后，问了这样一个问题：

“刘豫州（刘备）打算去哪里呢？”

“我与苍梧郡太守（知事[①]）吴巨是旧相识，打算去投奔他。”

“我主孙讨虏（孙权）聪明仁惠，礼敬贤士。吴地英雄豪杰莫不相从，已据江南六郡，兵精粮多。如今为君计，不如派遣心腹家臣与我主公结盟。您要去投奔的吴巨不值得托付，又身处远处，早晚要被他人兼并。”

---

① 日本官职，相当于中国的省级行政区首长。

刘备听了这番话，改变了投奔吴巨的主意，决定奔赴夏口。鲁肃又对刘备身边的孔明说道：“我是您的兄长诸葛子瑜的朋友。”

这样一来，二人也成为朋友。也许孔明谈到了天下三分之计，鲁肃也说到了吴与荆州一体论。人各为其主，但归根结底，虽然二人目的不同，在对曹操的策略方面却可以找出许多相同之处。

四、短歌行

曹操进入江陵城后论功行赏，意气风发。益州牧刘璋派来的张松身材矮小、其貌不扬，没有被注意到，这为日后埋下了巨大的祸根。

曹操在身为一位武将的同时，也是卓越的文学家、诗人。他那首题为《短歌行》的诗，据说为吟咏于赤壁之战前。

对酒当歌，人生几何？譬如朝露，去日苦多。
慨当以慷，忧思难忘。何以解忧？唯有杜康。
青青子衿，悠悠我心。但为君故，沉吟至今。
呦呦鹿鸣，食野之苹。我有嘉宾，鼓瑟吹笙。
明明如月，何时可掇？忧从中来，不可断绝。
越陌度阡，枉用相存。契阔谈宴，心念旧恩。
月明星稀，乌鹊南飞。绕树三匝，何枝可依？

山不厌高，水不厌深。周公吐哺，天下归心。

（日文译诗据吉川幸次郎氏）

曹操之子、当代首屈一指的诗人曹植也随父在军中，《述征赋》即其作品。[①]

建安十三年，荆楚傲而弗臣。
命元司以简旅，予愿奋武乎南邺。
伐灵鼓之硼隐兮，建长旗之飘摇。
跃甲卒之皓旰兮，驰万骑之浏浏。

五、孔明使吴

曹操手握江陵，利用那里丰富的物资，开始沿扬子江东进扬威。如果放任不管的话，孙权可能也会像刘琮那样投降曹军。据传，孙权一直在柴桑观望形势。有像鲁肃那样从北方来的人持积极方略，然而本地豪族的思路却和荆州的情况

① 其下所引《述征赋》为曹丕所作，曹植有《述行赋》，似因名近而致讹。《文选》卷十所收潘安仁《西征赋》、卷六十所收陆士衡《吊魏武帝文》均有李善注引“陈思王（曹植）《述征赋》曰：‘恨西夏之不纲。’”仅残此一句，余文阙失，且与曹操南征之事无关。清人朱绪曾《曹集考异》卷四以《述征赋》为题收此句，题下注云：“疑即《述行赋》。”

一样，仅图自保。考虑到眼下这种情况，孔明不能对吴的形势坐视不理。能否将曹操赶出荆州，关系到他的天下三分之计的成败。孔明来到刘备面前，说道：

“事情紧急，请让我奉命求援于孙将军。”

得到刘备的许可，孔明和鲁肃一起奔赴孙权帐下。孙权比孔明小两岁，是位26岁的青年将军。

孔明首先发言：

“天下大乱，将军起兵占据江东，我主刘豫州也收汉南之众，与曹操同争天下。如今曹操降服群雄，几乎扫平天下，终要破荆州，威扬四方。如此则英雄无用武之地，刘豫州因而出逃至此地。将军，您应当凭自己的力量应对当下事态。若您打算率吴越之众与中原之军抗衡，就应该早早与曹操断绝关系。如果做不到，为何不放下武器投降呢？如今，从将军的行动来看，外虽托服从之名，内心实则仍在犹豫。事态紧急，如果不早下决断，则灾祸不日将至！”

孔明刚目睹了荆州刘表父子对曹操的态度，对孙权的警告自然也十分严肃。孙权反问道：

“若真如先生所言，为何刘豫州不跟随曹操呢？”

“从前，田横不过齐国一壮士，面对汉高祖的招安，犹能守义不辱，最终自刃身亡。何况刘豫州是皇室子孙，英才盖世。事不成则为天命，如何能屈服于贼臣曹操之下？唯有一战！”

孔明的话点明了刘备的立场，甚至断言不一同讨伐贼臣曹操就不算英雄。年轻的孙权果然勃然大怒道："我不能举全吴之地、十万之众却受制于他人。我意已决!"

孙权又继续说道："除了刘豫州，再无可抵抗曹操之人了。但是刘豫州刚刚在长坂坡战败，要怎么解决眼下的困难呢?"

"刘豫州确实兵败长坂，但仍有军队生还，关羽水军有精锐万人，刘表之子刘琦率江夏士兵来会合，其众也不下万人。另一方面，曹操的军队自北方远来疲敝，据说追击刘豫州的轻骑兵一昼夜行进三百余里，正所谓'强弩之末，势不能穿鲁缟'。因此兵法上也说'［百里而趋利者］必蹶上将军[①]'。此外，北方人不习惯水战，且荆州之民为军队所胁迫，并未倾心依附曹操。如今将军若决心命猛将率军数万，与刘豫州合力，一定可以击败曹操。曹操战败后必然回到北方，这样荆、吴之势力变强，就可与曹操鼎足而立。成败之机，在于今日。"

这番雄辩分析了刘备的兵力、曹操的弱点，还讨论了战后处置的问题，暗示令其主君刘备统治荆州，形成与曹操、孙权鼎立的局势。

孙权被孔明的论说打动，决心与之结为同盟。

---

① 典出《孙子兵法·军争》，原作"百里而争利，则擒三将军……五十里而争利，则蹶上将军"，也有省略中间排比的俗语。

六、周瑜

正当此时，曹操寄给孙权书信一通：

> 近者奉辞伐罪，旌麾南指，刘琮束手。今治水军八十万众，方与将军会猎于吴。

“会猎”是指“一起打猎”，此处则是暗示狩猎的对象正是孙权，这正是一封挑战书。孙权命群臣传阅信笺，满座皆有动摇之色。以孙策时代的宿将张昭为首，大多数人都持此意见：

“曹公虽是豺虎猛兽，却有汉王朝的丞相之名，挟天子号令四方，行动总是托名朝廷。现如今，若抗曹则名不正。而且，从战略上看，将军用以防备曹操者，长江是也。然而如今曹操已占领荆州，手握刘表的数千艘军舰，水陆俱下，这意味着业已失去长江之险了。兵力上的众寡，如今也没有讨论的余地了。不如投降曹操吧。”

投降派占了上风，主战的鲁肃一言不发。孙权的股肱之臣，被尊称为周郎的周瑜虽然和鲁肃持相同意见，但他的任地远在鄱阳（江西省鄱阳市），虽星夜兼程也难以赶来出席会议。孙权此刻胸中五味杂陈，他会撕毁与孔明的协议，投降曹操吗？会议中途，孙权离席更衣，鲁肃追了出来。孙权拉住鲁肃的手说道：“卿欲何言？”

“刚才听了他们的意见，全都是在耽误将军的前途，不足以图大事。如今，若是我的话投降曹操也罢了，但将军绝对不行。为何这样说呢？我若投降曹操，他一定会把我送回家乡临淮（安徽省盱眙县[①]）。我家在乡里也算是名门，名声尚在，曹操少不得给我个下曹从事的差事。这样一来，我也可以乘着牛车，带着随从，交游士林。不只是我如此，倡导投降论的诸位皆是如此。然而，恕我失礼，将军之家以武功新兴，称不上是名门。如果投降曹操，不知会被如何处理呢？要早早确定根本大计，莫用众人之议。”

孙权叹道：“方才众人的议论真令人失望，而卿之计正与孤同。”

其间周瑜归来，而他的意见是：

“曹操名为汉相，实为汉贼。不能被投降派的名分论所迷惑。将军以神武雄才，依靠父亲孙坚、兄长孙策的武功勋业，割据吴地，有方圆数千里的土地和精锐部队。为汉室讨贼之准备已万全，怎可投降来送死的曹操？请将军三思。再考虑一下曹操的立场，若北方安定，没有内忧，能打持久战的话，或许他还能与我军水战。然而如今北土未平，马超、韩遂侵扰北方，也就是曹操的后方。其次，弃马乘船，与吴越之军交战，本非中原人所长。再次，如今气候严寒，马的饲料也

---

①据《三国志》载，鲁肃出身临淮东城，东城今属安徽省定远县。

定然不足。此外，自北方来的军队远征南方的沼泽地，水土不服，必生疫病。以上四点是用兵大忌，曹操皆冒行之，擒曹就在今日。我愿请精兵三万人，进驻夏口。若得所愿，保证为将军破曹。”

在周瑜的剖析之下，曹操的弱点一览无余。孙权高呼道：“曹操这老贼，欲废汉自立久矣，只是忌惮袁术、袁绍、吕布、刘表与孤。如今这些英雄尽灭，唯有孤尚存。孤与老贼势不两立。周郎说应当伐曹，甚合孤意。”

就这样，投降论被推翻，主战论获胜。回到会场的孙权拔刀将面前的几案一斩两半，喊道：“诸位，再有言当降曹操者，与此案同！”

当晚，周瑜和孙权再次面谈。

“看到曹操的书信上写着水陆兵力八十万，很多人为恐慌所慑，都没有计算其中虚实。难道忘了战争离不开宣传吗？因恐势众而要投降曹操是没道理的。依我算来，他所率兵力实际上不过十五六万人，再加上出征已久，早已疲敝。曹操在荆州获得的刘表军队，最多估计有七八万人。但他们是刘表旧部，如今尚怀狐疑，并不忠于曹操，当然也不会死战。因此，曹操所谓的八十万大军，实际上只有二十万人，且为疲敝之卒、狐疑之众。敌军人数虽众，却不足惧。重申一次，只要得精兵五万便足以制之。请将军勿虑。”

孙权大喜，抚着周瑜的背说道：

“公瑾（周瑜）啊，卿所言深得我心。子布（张昭）、文表（秦松）等人，各顾妻小，抱有私心，我对他们很失望。只有卿与子敬（鲁肃）与我同心，这是天意让你二人襄助于我。五万之兵一时间难以募得，但我已选出三万人，船只、粮草、武器俱已置办好。你与子敬、程公（程普）三人先发。听闻卿与程公平时关系不好，但他是大将中最年长的一位，不能不用，还请你多包涵。我则多率兵力物资，指挥后援部队。胜败时运也，卿定能战胜，万一不胜便回到我这里，那时我将与孟德（曹操）决战。”

于是，孙权决定出兵，孔明所希望的孙刘联盟达成了。身在柴桑，关注着事成与否的孔明终于松了口气。

七、交战

刘备根据鲁肃的建议，在鄂县（湖北省鄂城市[①]）的樊口扎营。曹操已渐渐攻来，孔明还在与孙权交涉，没有回来。他虽不会出什么纰漏，但与孙权的联合事宜究竟怎么样了呢？如果有援军的话，也差不多该出现了吧……刘备每天派斥候出去侦查。一日得报：

“周瑜的船出现了。”

“什么，可看清了？不会是曹操的水军吧？”

“不，和曹军的船不一样。”

① 鄂城市1983年改为鄂州市。

刘备马上派人去慰劳周瑜，周瑜对刘备的使者说：“因有指挥官军任在身，无法委任他人。若可屈尊前来，一定不负所望。”

刘备唤来关羽和张飞：“周瑜让我过去，因为是我方请求结盟，不去的话有违同盟之意。”于是单舸前往，访问周瑜。

> “现正与曹公交战，为万全计，请问军队人数有多少呢？”
>
> “三万人。”
>
> “有点少啊！”
>
> “无妨，这些就足够了。豫州，您就放心看着周瑜破敌吧。”
>
> “能请鲁肃他们来一起谈谈吗？”
>
> “大将既然受君命出征，就不能轻易委任他人。子敬有子敬的任务，如果您想和子敬会面的话，还请另寻时机吧。且孔明也与我们一同从柴桑出发，两三日中就到了。”

刘备深感惭愧，开始对此人有所戒备。先前孔明与孙权谈判时，曾暗示击败曹操后应该由主公刘备占有荆州。这次周瑜则让刘备看到，他要单凭吴之兵力打败曹操，这是在强调保全荆州靠的是吴的力量。战后的荆州归属问题，开始向着对孙权有利的方向发展。

孙权、刘备联军溯扬子江而上，在赤壁与曹军对垒。

扬子江沿岸有好几处叫赤壁的地方，其中最有名的是孙权、刘备与曹操交战的赤壁，以及因宋代大文豪苏轼（东坡）之赋而出名的赤壁。前者在湖北省嘉鱼县东北、扬子江南岸，现在叫作石头关；后者则在黄冈。

孙权以周瑜、程普为左右都督指挥军队，任命鲁肃为参军校尉协助作战。这三人之外，出阵的还有黄盖、韩当、周泰、甘宁、吕范、吕蒙、凌统诸将，与刘备两千士兵合为同盟军。另一面，曹操率领号称八十万人的大军，气势汹汹地出击了。然而，正如周瑜所料，军中开始流行疫病，士气低落。于是，刚开始交战，孙刘联军便取得胜利。落败的曹操在扬子江北岸的乌林中列阵，周瑜则驻扎在对岸。这样一来，两军就以扬子江为界对峙。是夜，周瑜的部将黄盖献策：

“如今敌众我寡，不能进行持久战。但观曹操军舰，可见舷侧相连，舳舻相接，以火攻定可取胜。”

这一计策得到采纳。具体商议之后，决定由黄盖给曹操写信：

“我受孙氏厚恩，一直受任为将帅，待遇不薄。然而天下有大势，孙氏以江东六郡和山越之人抗衡中国百万之众，显然寡难敌众。吴之将吏，无论聪明还是愚钝，都知道这个道理。然而周瑜、鲁肃这些浅薄之人，偏狭不明事理，不听人劝告。今日我决意投降。”

曹操虽有些疑虑，但还是接受了黄盖的投降。他看到，黄盖带领数十艘插有旗帜的艨艟、斗舰向岸边而来。按照唐人杜佑的说法，艨艟是外面包裹着强韧生牛皮的快速小船，斗舰是有着高大棚柱的军舰。

曹军士兵们伸长了脖子，指着黄盖的船，口中都叫喊着：

黄盖来降！

忽然间，船队中着起火来，顺着恰好刮起的强风，火势向一侧蔓延。转瞬之间，走舸（快船）已像水鸟一样从水上滑过，深入曹操的舰队中去了。黄盖的投降当然是假的。他在自己麾下的船中提前装满干草干柴，在上面浇油，然后以幕布遮住，插上旗帜，又给每只船系上一艘走舸。黄盖待船一靠近曹操阵营，便趁着忽然而至的东风放火，展开火攻。在后来的孔明故事中，当时是孔明作七星坛祭天，才使得东风吹了起来。

黄盖的计谋成功，曹操的水军全部烧毁，而且大火还蔓延到了岸上的军营。猛火直烧得天焦，烟雾四下弥漫。曹军陷入大混乱，人马大多或烧死或溺死。这时，周瑜、刘备又率军攻来，曹操只好走陆路从华容道逃往江陵。然而此路泥泞，风也一直吹个不停，曹操又折损了许多士兵。曹操在如此窘境中逃回江陵，得知周瑜、刘备追兵在后，便命曹仁、徐晃留驻江陵，乐进屯兵襄阳，自己折返北方。另一边，周瑜施展巧计，攻占了江陵。

就这样，赤壁之战结束了。曹操南下而后统一天下的计划失败，铩羽而归，只得据守北方。而刘备手握荆州南部的势力，迈出了天下三分之策的第一步。

第六章
荆州时代

一、江陵与公安

曹操撤回北方，刘备暂时掌握了荆州。赤壁之战后，刘琦被推举为荆州刺史，不久后遽然病逝，于是刘备取而代之。然而，孙权阵营也早对荆州有意，以周瑜为中心谋划着如何取得荆州。战后，周瑜马上占据江陵，领南郡太守衔镇守此地。孙权又派将军程普到沙羡（武昌西南），吕范到彭泽（江西省湖口县东），吕蒙到寻阳（江西省九江市附近），开始为进军荆州做战略布置。就这样，刘备和孙权两方围绕荆州所有权的问题，小规模冲突不断。之所以没有爆发大的战争，是因为有情报称曹操仍操练水军不懈，并未放弃南下的野心。

见周瑜无意离开江陵，刘备不得不陈兵于对岸的油江口，将其改名为公安。刘备接着进攻荆州南部的武陵（湖南省常德市）、长沙（湖南省长沙市）、桂阳（湖南省郴州市）、零陵

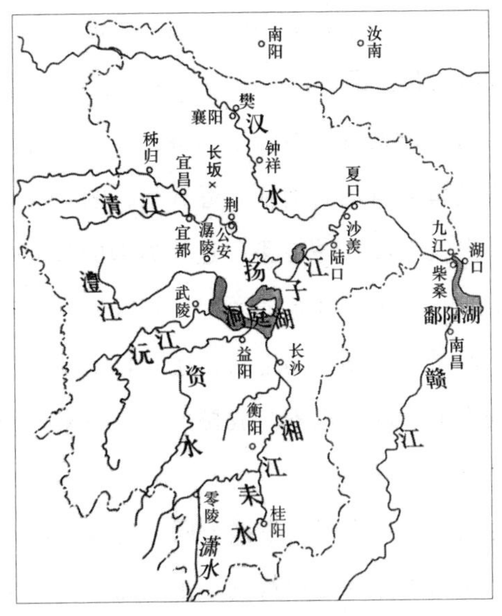

赤壁之战后的荆州

（湖南省零陵[①]）四郡，占领了今天的湖南地区。庐江（安徽省庐江县）豪族雷绪率万人投奔刘备，也是在这个时候。

不只是雷绪，荆州许多知名人士都来投奔刘备帐下，为首的就是孔明的朋友，凤雏庞士元。此人为治中从事，后来和孔明一样，任军师中郎将。其次为马良、马谡兄弟，他们襄阳马氏五兄弟有“秀才”的美誉，其中马良因眉毛色白而被称为“白眉”。此外还有黄忠、陈震、廖立等人。

刘备的势力逐渐壮大，孙权的阵营中出现了两派观点，

① 今零陵区，属湖南省永州市。

一派认为应该保持与刘备的同盟关系，一派认为应该警惕刘备，并且伺机讨伐。前者以鲁肃为代表，后者以周瑜为代表。于是，孙权将自己的妹妹嫁给了刘备，表面上巩固同盟，实则暗中监视刘备的行动。刘备年近五十，刚失去刘禅的生母甘夫人，孙夫人不过20岁上下，这是典型的政治婚姻。孙夫人素有“猛妇”之名，和她的两个兄长很像，具有刚烈的气概。再加上她带了许多吴国士兵，还有百余名持刀女官，刘备甚至在夫人的房间里也不能放松。这样一来，夫妇之间是不可能和睦的。

此时孔明在做什么呢？书接上回，为谋求孙刘联盟奔赴吴地时，孔明的人品和见识得到了众人的认可。张昭荐其为孙权的谋士，但是孔明拒绝了，人们问他原因，他回答说：“孙将军确为人主。然而，我觉得以他的度量只能够认可我的才能，却不能让我充分发挥，因此我才拒绝。”

似乎是顾及孙权的面子，孔明的回答没有表现出对刘备的忠心。当时孙权也问诸葛亮的兄长诸葛瑾：“为何不把令弟孔明留在吴地呢？”

“弟亮既已委身于人，结为君臣之分，就绝无二心。他不会来吴地，正如我不会仕于刘备。”

真是有其兄必有其弟。

孔明并未直接活跃于赤壁之战的台前。战后，刘备一征服荆州南部，就以孔明为军师中郎将，督新平定的零陵、桂阳、长沙三郡，负责征收税赋，努力筹集军费。这也意味着，孔明在刘备帐下才一年有余，就能够主持军事、财政大事。孔明驻扎在处于零陵等三郡中间的临蒸（湖南省衡阳市），但他密切关注着江陵和公安，与身在公安的刘备保持联络，建言献策。公安距临蒸约375千米。顺带一提，张飞屯宜都（湖北省宜都[①]），赵云屯桂阳，关羽屯襄阳。不过，关羽只是名义上驻扎在那里，因为魏国的乐进正据守着襄阳。

二、刘备、孙权会谈

刘备迎娶孙夫人之后，立刻到京口（江苏省镇江市）拜访孙权，以表通好之意，同时提出仅靠荆州四郡绝对无法养活部下，希望出任荆州都督，获得荆州全境的控制权。虽然说起来是荆州全境，但在当时，靠近北方的区域是曹操的势力范围。因此，周瑜屯驻的江陵地区才是必争之地。

孔明知道了刘备此行京口的目的，劝刘备说吴国不会对他怀有好意，但是刘备没有听进去。刘备一从公安出发，江陵的周瑜就紧追其后，给孙权送去书信：

“刘备乃枭雄，部下中有关羽、张飞这样的熊虎之将，不是久居人下之人。愚意以为，最好就此将刘备留在吴地，让他住气派的宫殿，由美人服侍，予其珍玩之物，娱其耳目。这样一来，就可将刘备与关张分开，接着把关羽和张飞分开，

---

① 宜都今属湖北省宜昌市。

各置一方，再由我来出兵攻战。如此则将军大业必然可成。反之，随便割土地给他作为资业的话，刘备就如同蛟龙入海，可以称霸了。”

鲁肃的意见则不同：

“近来有人建议扣留刘备于吴地，此事不妥。将军武力确实威震天下，然而曹操的实力也很强大。我们初临荆州，还未充分施以恩信。委托刘备镇抚荆州，就多一人对抗曹操，我方的同盟也就多了一人，这才是上策。”

孙权也考虑到如今曹操在北方，是该笼络英雄（刘备）之心的时候，便放刘备回到了公安。

周瑜和鲁肃都是吴的忠臣，也都视刘备为枭雄，但在具体如何对待刘备的问题上意见却完全不同。周瑜持进取的观点，主张尽快消灭刘备；鲁肃持协作的观点，想要利用刘备之力对抗曹操。这次，孙权虽说并没有采用周瑜的意见，但刘备也并没有从孙权处获得荆州全境的支配权。

刘备的此次京口之行，对他而言也着实危险。不知是幸运还是不幸，因为吴国内部的意见对立，刘备勉强回到了公安。后来，他追忆这件事时叹道：

“天下智谋之士，所见略同。孔明劝谏我不要去京口，也是有着这样的担心。可我那时候不得不去啊！当时实在危险，差一点便为周瑜所擒！”

三、周瑜之死

周瑜扣留刘备的计策没有被采纳，之后，他亲自回到京口献策：

“如今，曹操刚兵败赤壁，国内忧患劳心，不能与将军争胜。借此机会，让我与奋威（奋威将军孙瑜）攻占蜀地吧！一旦夺取了蜀地，则吞并汉中张鲁轻而易举。然后留奋威在汉中，固守其地，同时与西方抗曹的马超通好结盟。待我回来与将军进发襄阳，攻打曹操，则北方可图也。”

孙权听从此计，决定进攻巴蜀。周瑜回到江陵，为取道巴蜀整军准备，却在此时生病去世，时年36岁。得到周瑜的死讯后，孙权叹道：

> 公瑾有王佐之资，今忽短命，孤何赖哉？

不久后，周瑜弥留之际所写的遗表呈至京口：

“如今天下正是多事之秋，我夙夜为此忧心。愿主公先虑未然，然后康乐。如今我方已与曹操为敌，刘备居于我任地江陵附近的公安，百姓还没有依附，基础尚未稳固，宜得良将前去镇抚。鲁肃智略足担大任，请让他来接替我。这样的话，我便死而无憾了。”

在另一种记载中，这是一封写给孙权的私函，文字类似，但其中有一节是：

“本欲定巴蜀，次取襄阳，却遇暴疾。人生必有一死，短命诚不足惜，但恨微志未展……刘备在荆州，有似养虎……鲁肃乃忠烈之人，必能够妥善处事，是代替我的绝佳人选。‘人之将死，其言也善’，如果我的意见能被采用，那么周瑜虽死，名声不朽。”

周瑜临终推荐鲁肃为后继之人。虽然在一些问题上两人意见不同，但他还是抛开私心，推荐鲁肃接替自己。于是，诸事都照着周瑜的遗言推进。

这样的人事交替对于刘备而言是一种幸运，鲁肃是孙权部将中的亲刘派。吴取消了进攻巴蜀的计划，在鲁肃的劝说下将荆州全境给了刘备。就这样，荆州全境的归属权大致确定，接下来就是巴蜀了。周瑜原本打算亲自率兵夺取此地，而实际上刘备也开始暗中接触益州。自中平五年（188年）刘焉为益州牧以来，此地还没有卷入中原的混乱，独享一分平静。然而，在荆州的归属确定后，人们的注意力果然集中到了这里。

第七章
巴蜀

一、巴蜀的地理与历史

巴蜀即四川省，位于长江上游，面积约56.9万平方千米（1957年），[①]从地形上大致可以分为东部盆地和西部高原。西部有海拔2500—4000米的大雪山、邛崃山等山脉沿东西向并列而排，金沙江（长江在上游之名）、雅砻江、大渡河等贯穿其间。东部盆地被北部的岷山、大巴两山脉，南部的大娄，西部的邛崃，东部的巫山等山脉包围。此地也有岷江、沱江、嘉陵江等河流，都向南汇入长江，长江则在四川省南端附近自西向东流入湖北省。这一盆地地区又分为以成都为中心的岷江流域的“蜀”，和以重庆为中心的嘉陵江、涪江流域的“巴”两个部分。而汉水上游流域，今属陕西省的地区在汉末也作为益州的一部分，形成与巴、蜀鼎立之势。此外，在长

① 1997年重庆市成为直辖市，今四川省面积为48.6万平方千米。

江以南，今云南省及贵州省的一部分也属益州，此地为异族居所，那时他们和生活在西部山岳地带的人被统称为“西南夷”。

四川省位于中国腹地，因地处山岳地带，乍一看可能会以为那里物资匮乏。然而，四川却有着“天府之国”的美名，产业兴旺。尤其是成都盆地，面积达6000平方千米，1月的平均气温为五六度，7月则有26度，降雨量有1311毫米，由水稻栽培肇始的农业兴盛，此外还有以蜀锦闻名天下的养蚕纺织业，又因有盐井，盐的供给亦不缺。总之，这是一片经济上相当成熟的土地。

再来看看此地与其他地域之间的交通。要到北方的关中—长安，需要借助蜀地的栈道。汉高祖为汉王时出击项羽，以及唐玄宗在安史之乱中首都长安陷落时出逃至蜀地，都是通过这条路。唐代大诗人李白这样描写栈道的艰难险阻：

> 噫吁嚱，危乎高哉！
> 蜀道之难，难于上青天！
> 蚕丛及鱼凫，开国何茫然！
> 尔来四万八千岁，不与秦塞通人烟。
> 西当太白有鸟道，可以横绝峨眉巅。
> 地崩山摧壮士死，然后天梯石栈方钩连。
> 上有六龙回日之高标，下有冲波逆折之回川。
> 黄鹤之飞尚不得过，猿猱欲度愁攀援。

青泥何盘盘，百步九折萦岩峦。
扪参历井仰胁息，以手抚膺坐长叹。
问君西游何时还？畏途巉岩不可攀。
但见悲鸟号古木，雄飞雌从绕林间。
又闻子规啼夜月，愁空山。
蜀道之难，难于上青天，使人听此凋朱颜。
连峰去天不盈尺，枯松倒挂倚绝壁。
飞湍瀑流争喧豗，砯崖转石万壑雷。
其险也若此，嗟尔远道之人，胡为乎来哉？
剑阁峥嵘而崔嵬，一夫当关，万夫莫开。
所守或匪亲，化为狼与豺。
朝避猛虎，夕避长蛇。磨牙吮血，杀人如麻。
锦城（成都市）虽云乐，不如早还家。
蜀道之难，难于上青天，侧身西望长咨嗟。

四川往东的通道就是三峡。三峡是长江横穿大巴山脉，流入湖北平原形成的，具体是哪三峡有不同说法，但一定包含巫峡和瞿唐峡。那里有万丈之山，千仞之谷，奇岸峭壁连绵，是为天下奇观。许多山都由自身形状得名，还流传有相应的故事，择其中之一介绍如下：

“从前，有一对夫妇住在这里。丈夫赴蜀为官，留下妻子一人。她每日登山遥望丈夫就任的蜀地，最终保持着那个姿势，化作了石头。此石便称作望夫石。”

这个故事令人想起日本的松浦佐用姬。[①]巫山因战国时代《楚辞》中的《高唐》《神女》二赋而著名。序言说：

> 天帝之女，名曰瑶姬。未嫁而亡，葬于巫山之南。神女之精，旦为朝云，暮为行雨。[②]

这相当于中国的塞壬、罗蕾莱。[③]

宋代著名诗人陆游到四川为官时，写下了游记《入蜀记》。文中说他沿着长江逆流而上入蜀，从荆门（湖北省宜

---

① 松浦佐用姬是松浦（今日本佐贺县唐津市）豪族家的女子，与途经此地的大伴狭手彦坠入爱河，难舍难分。大伴狭手彦远征新罗，松浦佐用姬登高送别，这个故事见于《万叶集》《肥前国风土记》等著作，大约在镰仓时代（1185—1333）出现了佐用姬望夫化石的传说，见于《梵灯庵袖下集》《十训抄》等作品。

② 此《高唐赋》序，古人征引中版本颇多，较为接近作者所引的可参考如下一版："王游于高唐，怠而昼寝，梦见一妇人，自云：'我，帝之季女，名曰瑶姬，未行而亡，封于巫山之台。闻王来游，愿荐枕席。'王因幸之。去，乃言：'妾在巫山之阳，高丘之阻，旦为朝云，暮为行雨，朝朝暮暮，阳台之下。……'"参见《文选》卷三十一潘黄门诗中注。

③ 塞壬是古希腊神话中的海妖，用迷人的歌声诱惑路过的水手触礁。罗雷莱则是海妖传说的德国版本，在莱茵河最深、航道最窄之处有一座险峻的山，传说山顶有名为罗雷莱的女妖用歌声引诱船只遇难，这座山也得名罗雷莱。

都）到夔州（四川省奉节[①]），其间过了三峡，花费了三周的时间。清末（日本明治三十八年，1895），日本的山川早水采取同样的路线入蜀，而从他的游记《巴蜀》[②]来看，同样的距离在当时也要花费五天。然而出蜀到湖北则是：

> 朝辞白帝彩云间，千里江陵一日还。
> 两岸猿声啼不住，轻舟已过万重山。（李白）

诗歌或许有夸张的成分，但宋代范成大的游记《吴船录》中也记载了七日下三峡，而山川早水则两天就走完了归途。

由四川向南，渡过长江，就进入了今天的云南省。在昆明市附近，道路一分为二，西行则来到横穿云南省的萨尔温江、伊洛瓦底江上游，[③]经由缅甸可通印度。西汉武帝时，出使中亚大月氏国的张骞惊闻大夏有蜀产的布和竹杖：

"此物从何处得来？"

"从身毒来。"

作为天然的交通路线，这条通道应该自古以来就存在了。

---

① 奉节县今属重庆市。

② 1905年，山川早水在四川省高等学堂任日文教习，期间游览了巴蜀地区，1909年在日本出版游记《巴蜀》。该书中译本有李密、李春德译：《巴蜀旧影——百年前一个日本人的巴蜀行纪》，成都：四川人民出版社，2019年版。

③ 萨尔温江、伊洛瓦底江在中国境内分别称怒江、独龙江。

在20世纪的第二次世界大战中，这条通道也曾经作为“滇缅公路”得到利用。

另一边，从昆明往东进入贵州省，再走水路就可以到达广东省或者印度半岛。同样是在汉武帝时，唐蒙出使地处广东的南越国，复命的报告中有这样一段：

“臣在广东吃到了枸酱，并非本地产物。问所从来，说是商人通过牂牁江从上游贩来的。臣回到长安咨询商人，得知枸酱是蜀地产物，由巴蜀输出到南边的夜郎，再由夜郎转卖到别处。因此，牂牁江的源头一定是夜郎。征服夜郎，就能够给南越施压。”

夜郎国在今贵州省北部的桐梓、遵义县附近，统治者是被称作西南夷的异族其中一支，其祖先由水上漂来的三节大竹子中而生，这个传说类似日本的桃太郎和辉夜姬[①]故事的结合。依照唐蒙的报告书，汉朝即将出兵夜郎。而在此之前，他们的国王却对着来劝降的汉朝使者问道：

夜郎与汉孰大？

这就是谚语“夜郎自大”（“井底之蛙”之意）的出处。

---

① 桃太郎，在日本民间传说中是从水上漂来的大桃子中出生的，故名曰桃太郎。辉夜姬出自《竹取物语》，伐竹老人赞岐造麻吕看见一棵竹竿发光，剖开发现有一个三尺长的小人，便带回家抚养，这个小人就是辉夜姬。

李白的《蜀道难》中有“蚕丛及鱼凫，开国何茫然。尔来四万八千岁，不与秦塞通人烟”之句，我们姑且不论“四万八千岁”具体指什么，但这个地方的历史可以追溯到非常久远以前。

蚕丛、鱼凫都是蜀地传说中的王的名字。“蜀”字也有蝶类幼虫的意思，再加上“蚕”字，可以认为四川与养蚕业之间关系密切。此地还有和日本东北地区流传的“养蚕神”信仰相同的“马头娘”[①]传说。

战国时代，蜀地开始和中原产生联系，到公元前4世纪时成了秦的领土。秦得以统一天下，离不开四川的经济实力和战略位置，这一点是毋庸置疑的。秦朝灭亡后，刘邦（汉高祖）被封为汉王，来到汉中，凭借这里的富饶打败项羽，建立了汉帝国。秦汉时代，作为提高了当地经济、文化水平的人物，李冰和文翁二人的名字不应该被忘记。

① 较为完整的马头娘故事可见于《搜神记》《原化传拾遗》，其原型则见于《博物志》《山海经》等早期著作。大致情节是一位少女思念远征的父亲，许诺谁可以将父亲带回就嫁给谁为妻（《原化传拾遗》中起誓之人为母亲），少女家中白马闻言，将其父驮回家，但父亲却不愿兑现承诺，射杀了白马，并剥下马皮。故事的最后，少女被马皮卷走，化作蚕伏在树上吃桑叶吐丝，遂被奉为蚕神。巴蜀地区供奉有蚕神庙，唐人记载：“蜀中寺观多塑女人披马皮，谓马头娘，以祈蚕。”（《乘异集》）日本东北地区的养蚕神（おしら様）故事与之类似，多用桑木雕刻成马首人身的男、女神形象供奉。

李冰刚作为秦朝的蜀郡太守上任，就在成都附近修筑了都江堰，完善灌溉设备，成功将成都盆地变成了大谷仓。从最近的游记中也可以看出，都江堰至今仍然发挥着很大的作用。《西游记》中，开头与孙悟空大战的李二郎君，被认为是李冰之子，但实际上是一个虚构的人物。仅仅由此也可以看出李冰的伟大，以及中国人对他的追思。直到今天，都江堰旁边的二王庙仍然供奉着李冰父子。

文翁是西汉文帝时代的蜀郡太守。他也着意于水利灌溉，同时还浇灌了巴蜀地区的儒学和文学。蜀郡在汉代优秀文人辈出，例如武帝时代的著名赋作家、宫廷诗人司马相如，以及西汉末年的著名学者、赋作家扬雄，是文翁为此打下了基础。

李冰、文翁造就了完善的灌溉设施，由西南夷交通广东地区，甚至可到达印度、中亚进行贸易，再加上丰富的盐井资源，这些都是四川地区经济发展的巨大原动力。许多歌咏成都繁荣的赋涌现出来。司马相如的岳父卓王孙就是这类文学活动的赞助人，他是这类商人的一个典型。他通过制盐业和冶铁业获得了巨大的利润。然而，由于武帝的抑商政策，这样的企业家与商人从社会上消失了。其中有很多人被没收财产，家道衰落，也有一些人转而投资土地，成为大地主，就这样推进了豪族土地兼并和私有（庄园）化的进程。我们可以根据公元前1世纪末王褒创作的滑稽文学《僮约》，以及画像砖来想象庄园的模样。

二、豪族的生活

庄园的中心是土地。由于四川栽培水稻，大部分是水田；当然了，也种植粟、麦等作物，旱田还种植瓜、茄子、葱、芋等。也有栽种桃、李、梨、柿、橘的果园，橘是当地的特产；此外还有桑树。

庄园基本都会挖掘池塘，这样既可以供水田用水，同时又能养殖鱼、龟、鳖，或鸭等水禽，还能栽培莲、蒲、灯芯草等。《僮约》中的奴隶便了的工作是：

“编灯芯草以为席，晒麻以作布……既要做我的奴隶，年老的家伙，出不了力便去割蒲草，收割来蒲草正好织薄席。”（日文版为宇都宫清吉译，下同。）[①]

庄园也饲养作为畜力或者食用的马、牛、猪、羊等动物，还有看门的狗。马在主人外出时还用来拉车。

画像砖中呈现了农业生产的情形。砖画分为上下两层，下层是收获的场面，右边的两个人拿着镰刀，正在收割稻穗；中间三人将割下的稻穗捡起来扎成束；左边的人带来餐食，

---

① 此段引《僮约》原文作：“结苇腊纑……奴老力索，种莞织席。”下引《僮约》原文及译文均出自宇都宫清吉：《汉代社会经济史研究》第九章《僮约研究》，东京：弘文堂，1955年版，第260—292页。

手里提着吃完的空餐具，肩上扛着捆好的稻穗。上层是池塘的画面，池中生有莲花，鲋、鳅之类的鱼正在水中游动，水面上还浮着水鸟。池塘岸边有两个男人在弯弓射飞过的雁之类的鸟，左边的树木上方就有中了弹丸的鸟。

此外，市场开放后，商业也兴旺起来。《僮约》有载：

“去绵亭买席，往来于三都和洛阳之间。采买女子想要的胭脂润油，再到乡间小市场贩售。返回都中，两手空空岂不浪费，机灵着点，买了苎麻担回来。别嫌绕远，沿着崎岖小径快些走，牵狗又贩鹅。武阳的苦菜、[①]杨氏池中有名的莲，去买了担回来。在大市小市中往来，千万要当心偷盗。”[②]

画像砖中也有盐井的形象。四川地区的豪族多拥有盐井，开凿盐井需要雄厚的资本，而且还不一定能掘到盐水之脉。从这个意义上说，这一产业伴随着相当大的风险；然而，一旦成功，随之而来的无疑是巨大的利益。当时，盐还可以自由贩卖，于是地方豪族争相投资盐井。从左下方可以看到，为了打盐水，井房中四个男人正用滑轮操作吊桶。这样打上来的水通过导水管送到右下方的锅里，再生火熬煮盐水，就可以得到盐。

---

① 苦菜，原文为“荼”。《僮约》一作“茶”，据宇都宫清吉校勘当作“荼”。

② 上引《僮约》原文作：“绵亭买席，往来都洛，当为妇女求脂泽，贩于小市。归都担枲，转出旁蹉，牵犬贩鹅。武阳买荼，杨氏池中担荷。往来市聚，慎护奸偷。”

画像砖中的农业景观

画面中间的下方，稍微靠右的地方有两个男子担着用作燃料的薪柴，正从山上下来。山中可以看到鹿与鸟，还有追着它们的人的身影。

那么，这些豪族的家究竟是什么样的呢？他们的住宅呈方形，四周墙垣围绕。门西侧榆柳茂盛，群鸟翔集。走进门中可见斗鸡，厅前则有舞鹤。

不知何人所作的《相逢狭路间》诗有：

入门时左顾，但见双鸳鸯。
鸳鸯七十二，罗列自成行。
音声何噰噰，鹤鸣东西厢。

这首诗描绘的虽是都城长安的宅邸，四川的豪族也应过着相似的生活。北边比庭院稍微高出一些的是客厅，这是当时住宅营造的规则。同样作者不详的《陇西行》中有这样的诗句：

请客北堂上，坐客毡氍毹（绒毯）。

盐井图

客厅中，主人正与来访的客人谈话。谈话的内容是今年的农收还是政治，我们就不得而知了。画像砖中也有主人在仓库前贿赂客人的图像。[①]宴会马上就要开始了，让我们到准备饮食的地方看看吧。厨房在建筑的东边，有古诗云：

东厨具肴膳，椎牛烹猪羊。

从客厅到厨房的路上，右手边是耸立的高楼，楼上有警卫守候，楼下还拴着看门狗，戒备森严。一个男仆正拿着扫帚在打扫。厨房左手边是一口井，厨房内有灶台，架子上放着食物，还吊着禽肉。[②]《僮约》中有：

“家中若来了客人，提上酒壶去买酒。清洗酒杯时要小心，桌案布好，勿有疏漏，汲水回来备晚饭。去庄园中拔韭

① 见“纳粮画像砖”，又称“馈赂画像砖”。

② 细致的厨房内部图像可见“庖厨画像砖”。

菜，紫苏要细细切碎。肉脯就大刀切开，再切肉块和芋头做羹汤。鱼拿来做鱼脍，烹调甲鱼要加上苦苣菜熬的汤汁。如此一来，菜肴便备齐了。”①

四川的宅邸景象

这座庄园虽外出买酒，自家应该也酿酒，有酿酒的图像出土。②厅中的宴会开始了，来客有六位，每人面前都放着一张小桌，左前方的酒樽里斟满了酒；还备了长柄的勺子，要喝酒时便以此盛酒入耳杯。前文提到的《陇西行》中有：

清白各异樽，酒上正华疏。
酌酒持与客，客言主人持。
却略再拜跪，然后持一杯。

同样是古诗：

---

① 上引《僮约》原文作：“舍中有客，提壶行酤，汲水作铺。涤杯整案，园中拔蒜，斫苏切脯。筑肉臛芋，脍鱼炰鳖，烹茶尽具。”

② 见“酿酒画像砖”。

四川的宴会景象

主人前进酒，弹瑟为清商。

宴会中有人弹琴，有舞姬作长袖舞，有杂戏（杂技、马戏），还有比试输赢的游戏（双六、围棋）为乐。妇女的居室在别处，她们在其间织布。《相逢狭路间》中有：

大妇织罗绮，中妇织流黄。
小妇无所作，挟瑟上高堂。

这样的庄园大多由佃农从事耕作。虽然不是在四川，但据说东汉初年南阳的大豪族樊氏有三百顷田、千余户佃农。3世纪初，正好是我们这个故事发生的时代，仲长统在《昌言》中这样论述当时的政治：

“豪族之家，数百房屋相连，丰饶土地遍野。奴隶数千，佃农数以万计。车船四处经商，货物满仓。珍宝多得建多大的房屋都盛不下，马、牛、羊、猪，山谷里都挤不下。”

佃农之外，还有家内奴隶，甚至家兵。同样是《昌言》：

“荣乐同于诸侯，势力同于地方长官。平日里收送贿赂，犯法不被处罚，家中还豢养亡命之徒。”

地方豪族不仅有经济实力，而且背靠经济实力，垄断了地方政治。比如常见的选举请托，即在任命官员时贿赂地方官，以向中央推荐同族之人，或自己势力范围内之人。其结果就是：

“选官取士之时，顽固愚蠢之人为茂才（秀才），不讲人伦之人为至孝，贪得无厌之人为廉吏，狡猾之人为方正，谄媚之人为直言，轻薄之人为敦厚，怯弱之人为武猛，如此名实不符。富人们凭借着财力，依靠贵人的势力，钱多的人成为贤者。”

这是王符在《潜夫论》中的论述。

巴蜀地区滋生出这样的豪族是在公元前1世纪后半叶。而到了1世纪初，西汉被外戚王莽篡夺的混乱时代，公孙述受巴蜀豪族推举，建立起了独立的政权。当时，公孙述的部下李熊有如下言论：

“蜀地沃野千里，硕果累累，即使不种谷物也能吃饱饭。而且妇女生产的织物销往全国，名材竹干所做器物丰富，不可胜用。又有鱼盐铜银之利，浮水转漕之便。北据汉中的褒斜道（蜀栈）之险，东守巴郡的扞关（三峡入口）之口。蜀地方数千里，战士不下百万。看到有利可图就出兵略地，无利则坚守，发展农业。东可下汉水击秦地，南可顺扬子江震慑荆扬地区。这正是背靠自然而成功啊！”

这段话论述了公元前后巴蜀的经济实力和战略位置，而这种观点也在之后的东汉时代被孔明的天下三分之计所继承。

巴蜀在此后的中央政治混乱中有独立之势，但豪族们终究还是从维护自己的既得利益出发，不喜冒险采取积极策略。经营巴蜀之难就在于此。之所以刘焉父子失败而刘备获得成功，刘备自己的器量自不必说，丞相诸葛孔明的辅佐也功不可没。

〔东汉〕纳粮画像砖
四川博物院藏

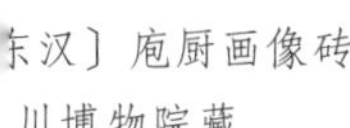

东汉〕庖厨画像砖
川博物院藏

〔东汉〕酿酒画像砖
四川博物院藏

第八章
入蜀

一、刘焉父子

刘焉于中平五年（188年）任益州牧，建立了实质上的独立政权。他依靠的是董扶和赵韪两大当地豪族。当时，凉州逆贼马相、赵祇自称黄巾，入侵巴蜀，众达万人。刘焉兵至犍为郡（四川省彭山[①]）东界，被阻于此地，无法继续前进。那时多亏了贾龙，他同样是当地豪族，率领家兵从内部响应刘焉，平定乱贼，才将他平安迎入犍为郡。实际上，刘焉是在巴蜀豪族的帮助下才得以就任益州牧的。刘焉将治所定在绵竹（四川省德阳）。据说，有位上了年纪的美人时常出入刘焉家中，道出许多真言，这个美人就是五斗米道的张鲁之母。如此一来，刘焉便联合了五斗米道，获得了更广泛的支持。本书在第一章也提到，刘焉因听董扶“益州有天子气”之言

---

① 彭山区，今属四川省眉山市。

而打算进驻巴蜀，以早日取得天子之气。他任命张鲁为督义司马，驻扎在汉中地区，又派遣别部司马张修，与之合力杀死了东汉朝廷任命的汉中太守，切断连接起汉中与关中交通的栈道，却向朝廷报告说："五斗米道的张鲁切断了与关中联系的道路，我无法再与中央联络了。"做出一副并非自愿从中央独立出去的姿态，仿佛只是迫于张鲁，不得已而为之。他还杀了巴蜀的豪族王咸、李权等十余人以立威，但这样做明显于刘焉无益。当时的情况是，如果想在地方上稳固势力，就必须得到当地豪族的支持。刘焉也是在董扶、贾龙等本地豪族的扶持下才成为益州牧，却旋即杀州中豪强十余人，可谓罔顾时势。果然，刘焉遭到了任岐（出身蜀郡）和贾龙的背叛。刘焉最终取得了胜利，保住了州牧的位子。刘焉胜利的背后，依靠的是他入蜀之前豢养的私兵，称作东州兵，实力颇为强大。

就这样，刘焉完成了对巴蜀的控制。然而，由于依靠的是私兵，他的政权乍看之下貌似稳固，实则风雨飘摇。因此，刘焉一死，巴蜀就陷入混乱之中。但刘焉在群雄号召起兵伐董时闪烁其词，最终没有参加，巴蜀也就没有卷入战乱的漩涡。如果从结果论来看，这是刘备的幸运。

刘焉有四子，但只有第三子璋、末子瑁[①]来到了益州。兴平元年（194年），刘焉发疮病死后，刘璋继任。他性情温和

---

① 《三国志·刘璋传》称"兄瑁"，或为第三子瑁、末子璋。

宽厚，但同时也有若干缺陷，诸如缺乏决断力，容易被他人左右，做事不能持之以恒。刘焉在世时，益州还能勉强靠他的威势维持安稳；刘璋继任后，这种安稳立刻就被打破了。

首先是张鲁的教团。张鲁不服刘璋，自立于汉中。刘璋一怒之下杀死了张鲁的母亲和弟弟，两人的关系愈加恶化，到了互为仇敌的地步。

其次是东州兵对当地人的倾轧。东州兵大多是南阳人或长安人，跟随刘焉来到巴蜀，编入军籍，凭着武力凌虐当地人。刘璋无力禁止这种行为。从刘焉时代就心怀不满的巴蜀豪族终于不堪忍受，推赵韪为盟主起兵。这场内乱还是靠着以东州兵为中心的武力平定了，但巴蜀混乱的消息逐渐四散开来。巴蜀的这种形势，无疑是孔明三分之计、周瑜遗言所做判断的基础之一。

二、张松和法正

在赤壁之战爆发的建安十三年（208年），由于刘琮的投降，荆州一时间落入曹操手中。又有消息称曹操要出兵汉中，巴蜀突然有东、北两面同时遭遇曹操的危险。在此之前，北方的黄河流域是群雄逐鹿的中心，巴蜀一直置身纷乱政局之外，如今终于还是被卷入这场风暴之中。当下究竟该如何是好呢？反复讨论应对之策后，其结论是：

“投靠曹操。”

刘璋首先派阴溥为使者向曹操致意。作为回应，曹操加封刘璋为振威将军，刘瑁为平寇将军。刘璋又派张肃向曹操送去礼物，张肃得任命为广汉太守。第三次，刘璋派遣张肃之弟张松出使。曹操对第一次、第二次的使者都以礼相待，第三次时已感到厌烦，而且这正是曹操手握荆州，在长坂坡大破刘备之时。张松没有得到前面两人那样的待遇。张松身材矮小，一只眼睛患有疾病，或许是这样的原因，他的个性并不坦荡。因此，他对曹操并没什么好感。正当此时，曹操在赤壁大败，张松向刘璋进言与曹操断绝关系，转而接近刘备。没有任何主见的刘璋听了张松的话，觉得很有道理，问道：

"谁可出使刘备？"

"军议校尉法正很合适。"

法正是什么人呢？后来正是此人帮助刘备入蜀，这里介绍一下他的履历：

"本籍右扶风（陕西省咸阳市）。玄德先生法真之孙，廷尉左监法衍之子。建安初年，与同郡孟达避难巴蜀。仕于刘璋，但未能施展才能，且因身为侨客遭到蔑视。"

法正被刘璋任命为使者，他再三推辞，最后不得已才接受。结果，他为刘备的为人所折服，回来后对张松说道：

"刘备有雄才大略。我想要拥戴他为主公，只是目前还没有机会。"

三、吴亦望蜀

通过张松、法正的牵线，刘备得以接触到巴蜀，离孔明的天下三分之计更近一步，接下来要做的就是等待时机了。然而，孙权一方虽在周瑜死后中止了计划，却并未完全放下占有巴蜀的意图。现在局面风云难测。所幸，若孙权要夺取巴蜀，就必须经过荆州，到那时刘备便可截住他。孙权为了缓和与刘备的冲突，不断派使者前往商议：

“希望我们能够共同攻取蜀地。”

刘备这边也有人认为接受孙权的建议更好，但是刘备想要独占巴蜀，孔明当然也认为应当如此。荆州主簿殷观也说：“若与孙权共取巴蜀，为他先驱，于我徒劳无益。我方应断然拒绝。何故？孙权必不敢越过荆州占领蜀地。”

这样，孙权的提议就被拒绝了。但孙权并不是会就这样善罢甘休的人。还有一种记载是孙瑜奉命率水军进发夏口，刘备闻之大怒，对孙瑜说：“如果你一定要取巴蜀的话，我当披发入山，不失信于天下。”

之后，刘备亲自发兵孱陵（湖南省安乡县北部），派关羽驻扎江陵、张飞驻扎秭归（湖北省秭归县）、孔明驻扎南郡，靠武力阻止孙瑜西进。孙权见刘备态度强硬，遂下令撤兵。围绕着从荆州到巴蜀的归属问题，孙刘的斗争逐渐白热化。

四、出荆州

不知不觉间，赤壁之战已经过去三年了，时间来到建安十六年（211年）。这一年的三月，曹操命钟繇讨伐汉中的张鲁，同时下令，命太原的夏侯渊与钟繇之军汇合。听到这一消息，刘璋惊慌失措：如果汉中被攻占的话，接下来就轮到自己了吧？有这样的考虑也是情理之中。不过，曹操此举似乎另有所图，惊慌的不止刘璋一人。马超、韩遂、杨秋等人，以及陕西地区还没有臣服于曹操的小军阀们也陷入了不安，他们决定合作。这正是曹操的目的，看清谁是对手，然后亲自出马征服。这一战从始至终都在陕西，却的确威慑住了刘璋。张松等人发现了刘璋的思想动荡，机不可失，张松立刻对刘璋说：

“曹公兵强，天下无敌。如果他占领了张鲁的汉中，凭借其财力攻入蜀地，谁能抵抗?”

“我也忧心此事很久了。然而该如何是好呢?”

“荆州的刘豫州将军与使君同族，听闻与曹操有仇，又长于用兵。先请刘豫州讨伐张鲁，张鲁必败。若张鲁被击破，巴、蜀、汉中则可合为一体，强大起来。即使曹公攻来，也无能为力。如今州内庞羲、李异诸人，恃功而骄。如果不借刘豫州之力，不但无以抵御外敌，于内也被庞羲等人压制，是必败之道。”

“此言有理。”

就这样，刘璋再次遣法正出使刘备。

“以将军之英才，对上刘牧（刘璋）之懦弱，已足以平定巴蜀，再加上张松为内应。平定巴蜀后，以此处丰富之物产，再凭天然之险阻，称霸天下，易如反掌。”

刘备决定抓住这一机会。但刘备也为一事所困扰，他与刘璋同为刘氏宗亲，又有同盟之名，却同室操戈，这不是有悖于大义吗？曹操以武力篡夺东汉王朝，自己则号称捍卫大汉正统，但如今对刘璋的所作所为，又与曹操何异呢？是否再次跟刘璋交涉，劝说他让位比较好？刘备于此踌躇不定。

一日，刘备与庞统谈话，庞统说道：

“荆州土地荒芜，人物已尽，且东有孙氏，北接曹操。因此，待在荆州难以与孙、曹成鼎立，形成天下三分之势。而益州地富民强，户口百万，即刻便可整备军队，军需物资也不需求诸外地。应借益州之地完成复兴汉室的大业。”

“如今我与曹操势同水火。他行事以急，我行事以宽；他用谲诈，我以忠厚。如此事事与曹操相反，才得成功。如今毫无缘由就失信于天下，不是我的行事方式。”

“战乱之时，并非只有道义能成事。古之五霸兼并弱者，攻击愚者，才成就事业。所谓‘逆取顺守’是也。将军兴复汉朝功成之际，若封刘璋以大国，以义报之，何言背信呢？如今不取巴蜀，最终只会为他人所利用。”

听了庞统的意见，刘备决定入蜀。刘备此番巴蜀之行，虽说是应刘璋之邀，但由张松、法正一派策划，刘璋的部下并非全都支持。巴蜀内部的反对者很多，如巴西主簿黄权：

“刘备骁名在外，现下请刘将军来巴蜀之地襄助，待他接受请求前来之时，又打算如何对待他呢？以部曲（军队）待之，他当然不会满意。若以宾客之礼待之，则一国不容二君，主君与刘备必有一人出局。若客有泰山之安，主有累卵之危。”

任从事之职的王累，不惜倒悬州门以示反对。

益州内部局势如此，自然也传到了刘备耳中。另一方面，刘备从法正那里掌握了巴蜀的土地情况、兵器数量、人马多寡、要害所在及距离等详细信息，法正还绘制了地图。对巴蜀的情况了然于胸之后，刘备便出发了。

入蜀并不意味着抛弃荆州。荆州与巴蜀为唇齿之间，孔明的三分之计也是以占据此二州为前提。谁留下，谁与刘备一同入蜀，孔明要为刘备的百年大计考虑。最终他将自己和关羽留在了荆州，赵云、张飞也没有随行入蜀。庞统跟随刘备出发了。

刘备的行动让孙权大怒，他命令妹妹孙夫人回来。自孙夫人嫁过来之后，赵云就成了监督官，一直监视着她的行动。他察觉到了孙夫人要把刘禅作为礼物带回兄长那里，便追上船队，把孩子带了回来。

另一边，刘备率领数万兵力，逆长江而上至江州（重庆），又沿垫江水而上到达涪（四川省绵阳市）。刘璋率步骑三万余人在此迎接，马上举行了接风宴，二人在此逗留百余日。在这期间，法正和庞统分别向刘备进言，让他趁此机会突袭，控制住刘璋，但刘备没有接受他们的建议。刘备推举刘璋为“行镇西大将军领益州牧”，刘璋推刘备为“行大司马领司隶校尉”。此外，刘璋按照原定计划，给刘备士兵三万，及大量武器、粮食、军需，让他去讨伐汉中的张鲁。同时，刘备还被委以指挥刘璋的将军杨怀、高沛所率白水关（四川省昭化北）的守备军——白水军。此后，刘璋回到了成都，刘备进军葭萌（四川省广元市西北）。进驻葭萌的刘备没有马上着手征伐张鲁，而是先留意笼络人心。刘备认为，若要统治巴蜀全境，必得先获人心。终于，就连刘璋也看清了刘备的真实意图。

第九章

夺蜀

一、庞统之计

跟随刘备到葭萌的是凤雏庞统。他与孔明同为军师中郎将，深受信任。在葭萌期间，庞统向刘备献出了夺蜀之计：

“暗中选精兵昼夜兼行，抄小路直袭成都，刘璋完全不懂打仗，对此不会事先防备，待大军攻入，毫无抵抗之力，我军定会取胜。这是上策。杨怀、高沛为刘璋名将，二人率强兵镇守白水关，听说曾多次给刘璋写信，劝谏让将军回荆州去，不如我们反过来利用此事。将军就说荆州有变，需要支援，假装回去。此二人既钦佩将军威名，又惧怕将军，听闻将军要返回荆州，必将大喜，一定轻骑前来送别。那时将军便抓捕这两人，收其部下，向成都进发。这是中策。回到白帝（四川省奉节县[1]），与留在荆州的部队合军，慢慢向成都

[1] 今属重庆市。

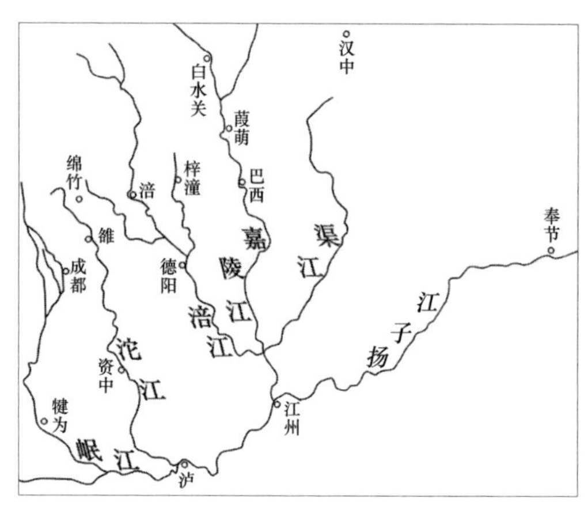

刘备入蜀

进发。此为下策。如今不可沉吟拖延，不然将陷入非常困难的境地。”

刘备选择了中策。

建安十七年（212年），曹操结束了对马超的征伐，凯旋还邺，获得了赞拜不名（拜谒天子时不必直呼姓名）、入朝不趋（进入朝堂时不用小步走）、剑履上殿（可以佩剑进入殿中）的特权。曹操的地位已不可撼动，东汉王朝命数将尽。

这一年，孙权在秣陵筑石头城作为军事据点，将此地改名为建业。这个地方往后成为南朝历代王朝的首都，14世纪时也一度是明朝的首都，也就是今天的南京市。

十月，曹操起兵攻打孙权，孙权向刘备求救。这正是刘备期盼已久的机会，可以实行庞统的中策了。刘备立刻派使者前往成都：

“曹公即将征伐孙权，孙将军对此十分忧心。我与孙将军本为唇齿，他若落入险境，我不能不救。而且，曹操的部将乐进驻扎青泥（陕西省蓝田县），与我方关羽对峙，此刻对关羽不管不顾，若乐进得胜，必然侵入巴蜀之地，这比张鲁更令人担心。张鲁乃自守之贼，不足为虑。为救孙氏，还请给万人之兵及军需物资。”

刘璋已对刘备的行为有所怀疑，只满足了刘备要求之数的一半。

若要骗过敌人，须得先骗过自己人。刘备所瞒之人是张松。听说刘备准备前往荆州，张松担心此前的百般筹谋落空，便写信给刘备和法正：

“大事即将功成，为何舍此而去呢？”

张松之兄是广汉太守张肃，他担心张松计划泄露连累自己，向刘璋告发了弟弟。刘璋马上逮捕并处斩张松，而且命令关卡守将不得对刘备放行。这样一来，两人之间生了嫌隙。刘备因刘璋的前后不一而怒，他以无礼为由，斩白水关守将杨怀，又袭高沛杀之，南下归涪。占据了涪的刘备举行酒宴，犒劳将士。席间，酒醉的刘备顺口说道：“今日之会多么快乐啊！”

庞统告诫道：“伐人之国以为欢，非仁者所应为。”

此时，刘璋的从事郑度向其劝说道：

“左将军（刘备）想要率军袭击我方，然兵力不满万人，巴蜀之民也尚未依附。军队没有辎重，依靠的是野生谷物。今之为计，将巴西、梓潼之民尽数迁至涪水以西，烧掉该地的仓库和野谷，高筑城墙，深挖壕沟，此所谓‘坚壁清野’之计，即便他请战也不回应。这样一来，刘备军资缺乏，不过百日，定可为我所擒。”

刘备很快听说了此事，他马上问法正：“听说郑度之谋了吗，你怎么看?”

“刘璋不会采用此意见的，不必担心。”

果然，刘璋未用此计。

刘备自涪进击绵竹，接着向雒城（四川省广汉市）进军。

二、攻打刘璋

留在荆州的孔明听说刘备自涪西进，经绵竹攻雒的消息，为了不错失良机，仅留关羽守荆州以防孙权、曹操，自己则和张飞、赵云等人逆长江而上，向巴蜀前进，途中攻克巴东（四川省奉节县）、江州（重庆市）等地。江州有宿将严颜，张飞军队与之激烈交战，最终生擒严颜。张飞像往常一样喝道：“大军攻来，为何不投降而一直拒战?”

“难道不是你等凶暴，无理侵夺我地吗？我们巴蜀只有断头将军，没有投降将军。”

张飞闻之愈怒：“我主公刘备受刘璋相邀来到蜀地时，你说这就如同‘独坐穷山，放虎自卫’。来人，将他带下去斩首!”

而严颜却颜色不变。

“杀头便杀头，何必动怒!”

“了不起的家伙！那就放了你，做我的宾客吧!”

刘备进军巴蜀的生力军，在此分为两队。一队由张飞率领，自巴西进军德阳（四川省射洪县），另一队由赵云率领，自江阳（四川省泸州市）出犍为，均以成都为目标进击。

另一边，正在攻打雒城的刘备陷入了苦战。雒城守将刘循是刘璋之子，防守坚决，抵挡了刘备一年的进攻。在雒城的包围战中，庞统中流矢战死，时年36岁。刘备为庞统之死流泪哀悼。付出如此巨大的牺牲之后，建安十九年（214年）夏，雁桥（四川省广汉市北）之战中守城老将张任（就是那位高呼“老臣终不复事二主”的张任）被杀，这场战役终于画上了句号。

攻陷雒城的刘备，与孔明、张飞、赵云久别重逢，合力进军成都。而在包围成都的过程中，刘备收服了得力武将马超。从马超之父马腾那一代开始，马氏就以陕西猛将闻名天下。马超不从曹操，与之长期对抗，最终中了曹操谋将杨阜之计，被逐出冀城（甘肃省甘谷县），往依汉中张鲁。但是张鲁无法依靠，马超暗中写信给正在包围成都的刘备，表达归顺之意。刘备立刻便接受了，派李恢作为使者迎马超，一时间得援甚众。这对于刘璋而言是个巨大打击，刘备抓住机会派简雍去劝降。当时成都城中尚有三万精兵，以及可支撑两年的粮食和被服。是战是降，议论沸腾。很多人呼吁：“据城死战!”

这时，刘璋说：

“父子两代，二十余年，作为巴蜀之君，没有什么恩德施于百姓。而这三年来又与刘备打仗，战争所至，血肉遍野，皆因我故。我怎能心安呢？还是开城投降吧。”

听闻此言，众人莫不流泪。刘璋和简雍一同乘车，出城投降。

刘备终于如愿以偿占领了巴蜀。刘璋被迁至公安，他的财产安全得到了保证。

三、蜀之经营

进入成都城中的刘备举行庆功宴，犒劳士兵，将城中的金银、名产蜀锦赐给孔明、关羽、张飞、法正等功高将领，而将谷帛物归原主，确定土地的所有权，铸造大钱，维持通货稳定，接着宣布了人事安排。

刘备自为益州牧，以股肱之臣孔明为军师将军，署左将军府事，谋主法正为扬武将军、蜀郡太守。关羽留在荆州，督荆州事。张飞为巴西太守，赵云为翊军将军。此外，麋竺、简雍、孙乾等从起兵之初到荆州时代的宾友都得到了官职。围攻成都时前来投靠刘备的马超为平西将军。关于马超，还有一段插曲。一天，孔明收到了关羽从荆州送来的书信，信中写道：

“听说最近有一个叫马超的人投降过来，我从没听说过这个人。他的人品、才能可和谁比肩呢?”

在战事百忙之中，孔明回信道：

“孟起（马超）文武双全，雄烈过人，当世人杰。如同汉高祖之臣黥布、彭越，当与益德（张飞）并驱争先，然而都不及髯之绝伦逸群。”

关羽生有美髯，后世有“关羽髯”的俗语，孔明这里是用“髯”作为对他的爱称。关羽得到孔明的回信之后非常开心，让部下传阅。关羽虽勇猛，却也有着这样纯真无邪的一面。从另一个故事可以看到他的勇猛之处。关羽曾在战斗中流矢致左臂负伤，疮口虽愈合，但每逢连雨天总是疼痛。经医生诊断，是箭镞上的毒侵入骨中所致，必须切开伤处做手术。彼时关羽正在酒宴中，下令立刻开始手术，血流至盈盘，而关羽仍切着烤肉，一杯接一杯饮酒，谈笑自若。

闲话不表。刘备的人事安排有刘璋的姻亲（吴壹、费观），旧臣（董和、黄权、李严），以及彭羕这种过去刘璋弃用之人，甚至顾及到了刘巴之类与刘备有宿怨的人。这表明，在与刘璋政权交接的过程中，刘备力图安定人心，同时量才而用，让各人的能力都得到发挥。所用之人中，当然也有巴蜀的土著。如果没有当地豪族的帮助，政权不可能稳固。不过应当注意到的是，以上的人事安排中，没有刘璋时代任命的蜀郡太守许靖的名字。

许靖，字文休，汝南平舆（河南省汝南县）出身，和从弟许劭（字子将）同被视为一流的人物评论家。董卓时代曾得任用以司人事，不久避难逃至交州（中南半岛），而后由刘璋招来巴蜀。此人徒有虚名而无才能，且已年迈。更糟糕的是，在刘备包围成都时，许靖曾出逃未遂。在主君刘璋危难之际却要弃之逃跑，可见是一浮薄之人，因此没有被列入任用名单。然而法正认为：

“天下有徒有虚名之人，许靖正是其中的典型。然而，现在您刚开始创立大业，若逐户遍访天下人，不会皆言许靖只有浮名。若不礼遇许靖，世人会有闲话，说刘备轻贱贤者。请您想想战国时，燕王重用郭隗那个‘千金买骨’的故事(若连许靖亦任用，人才当聚集而来)。”

刘备便任许靖为左将军长史，为孔明的属下。

孔明作为军师将军，竭尽全力着手整顿内务。他并非体魄强健之人，应当经历了一段相当辛苦的时光。也有刺耳的抱怨声，但斟酌怨言正是孔明当时的要务。

这一天，有来客大发牢骚：

“法正在蜀郡甚是妄为，请诸葛将军禀告主公，抑制其横暴。”

法正在刘璋时代不得志，被巴蜀本地人欺负，如今一一报复，擅杀数人，这是有意为之。孔明回答道：

“主公在公安时，北畏曹公之强，东惮孙权之逼。再加上身边有孙夫人这样强势之人，随时都可能发生变故。正当主公为应对之策忧愁时，法孝直（法正）为之辅翼，直至今日。考虑到这番功劳，怎么能禁止其作为，让他不如意呢?”

然而，如果人人恣意妄为，就会陷入无政府状态，这样又与刘璋时代何异？孔明实行的是法家的严政方针，法正、李严等人共制“蜀科”。

法正当时劝孔明说：“昔年关中苦于秦之暴政，汉高祖入关后废除秦朝酷律，约法三章，从而得民心。如今您自外州入蜀，才开始治理此州，请缓刑弛禁，以满足人们的期待。”

孔明回答说：“您只知其一，不知其二。秦朝无道，招致人民怨恨失国，因此汉高祖施行宽大政策救民于水火。而刘璋暗弱，虽有自其父刘焉而来的名望，却对政治态度懈怠，威刑不肃，下属日益妄为，君臣之道不立。这与秦失国的原因正相反。现在我法令严格，有功则赏以官爵，以示君恩。有了官爵就会在意名誉，如此则上下有节。此乃为治之要。”

虽为后话，但他持有主张赦免罪犯于好人不公、于政治无益的论述：“为政应以大德，没有必要施小惠。因此西汉元帝的名相匡衡、东汉光武帝的功臣吴汉都不赞成大赦。先帝刘备也曾说过：‘我周旋于陈纪、郑玄这样的大学者之间，受其教导，颇知政治之理，他们不曾提及大赦。’刘璋、刘焉父子年年颁布赦令，也不见于政治有何益处。”他也憎恶朋党，有“朋党为败征”之言。

但孔明并没有采用非常严酷的律法，4世纪的常璩称之为

"民无怨声，没有余泣"。[①]

四、荆州问题

内政问题就这样告一段落，外交关系却越来越复杂。刘备虽然占领了巴蜀，汉中尚有张鲁的势力残存，张鲁背后则是曹操。曹操已经于建安十八年（213年）五月进为魏公，七月设魏之社稷、宗庙，十一月设尚书、侍中、六卿，翌年（214年）正月，施行了只有天子才能为的籍田礼。魏王朝从东汉王朝之中诞生了。

目光再移向东方，此处有孙权，还有关于荆州之所属的重大遗留问题。赤壁之战后，周瑜还活着的时候，刘备的势力尚只及荆州部分地区。周瑜死后以鲁肃代之，则荆州完全落入刘备的掌控。然而，刘备在益州建立起势力之后，事情就不一样了。刘备把关羽留在荆州宣示主权，孙权已无法坐视不理。

孙权得知刘备拒绝了自己提出的共同出兵提议，独自占领了蜀地，愤怒异常：

① 当为袁宏《三国名臣序赞》，原文如下："治国以礼，民无怨声，刑罚不滥，没有余泣，虽古之遗爱，何以加兹。"但常璩在《华阳国志》中对诸葛亮也有类似的高度评价："亮政修民理，威武外振。"

猾虏，乃敢挟诈如此！

他马上命令诸葛瑾讨回长沙、零陵、桂阳三郡。对此，刘备答复道：

“我正计划攻打凉州，等平定了凉州就把荆州还给你。”

这个回答虽很好地表达了刘备的心思，但作为外交交涉却不能达到目的。孙权得到这样的答复更加生气了，这种虚辞只不过是拖延时间。他往三郡都派遣了长官，这相当于宣战。关羽凭借实力，将孙权任命的长官赶走了。孙权也不甘示弱，命吕蒙率军两万占领三郡。同时，鲁肃率军万人屯益阳（湖南省益阳市）防备关羽，孙权亲自率军进军陆口（湖北省嘉鱼县），指挥军队。

吕蒙先向长沙、零陵、桂阳三郡发出劝降文书，长沙、桂阳二郡闻风响应，只有零陵郡太守郝普拒绝投降。刘备得知了荆州的情况，急忙从成都出发回到公安，让关羽出兵益阳。这样一来，荆州的局势突然告急。孔明则留在成都，为巴蜀的经营和军粮补给费尽了心思。

虽然刘备亲自出马，这也不意味着荆州的局面就一定会好转。独木难支的郝普在吕蒙的策略下最终投降，与益阳的鲁肃一同与关羽对峙。

这时候，鲁肃提议与关羽两人单独会面谈判，鲁肃当说是孙权阵营中的亲刘派。孔明将关羽留在荆州入蜀后，关羽总是对孙权一方的行动生疑，闹出许多摩擦，都是由鲁肃出面安抚关羽，才没有发生大事。此时又是鲁肃提出与关羽会谈。因情况与以往的纷争不同，吴军中也有反对者，担心生变，鲁肃将双方谈判的距离控制在百步。会谈由鲁肃先开火：

“尽管吴国只是区区小国，但因您主君刘备战败，远道逃来，无所依靠，才将土地借给你们。刘备分明已经获得了巴蜀之地，却完全不想归还荆州。何况这次也不是要荆州全境，但求三郡而已，却连这个命令也不遵从。”

鲁肃话音未落，座中一名关羽的部下喊道：

“所谓土地，唯属有德之人。”

鲁肃脸色一变，怒视说话之人。关羽提刀而起，给那人使眼色，让他退下：“这是国家大事，此人何知！”

另一边，诸葛瑾、孔明兄弟在成都就荆州问题交涉。而这兄弟二人只在公开会议上见面，没有任何私下交往。公私分明，没留半点让人怀疑的地方。这是兄弟二人的一段佳话。

五、曹操攻打汉中

在这期间，曹操亲自率兵来征讨汉中的张鲁。曹操决定出兵，主要根据如下判断：首先，刘备为荆州问题倾注了大量的兵力，因此北部的汉中地区兵力薄弱。其次，刘备才刚刚控制巴蜀，人心未定，易生混乱动荡。

曹军三月从邺出发至陈仓（陕西省宝鸡市东北），在此处取道散关（陕西省宝鸡西南），七月进入阳平（陕西省宁强县[1]西北），将张鲁赶到巴西，占领了南郑（陕西省汉中市）。孔明晚年的劲敌司马仲达（名懿，即后来的晋宣帝）[2]此时身为丞相主簿，是曹操的直接下属，也参加了这场战斗。

曹操的汉中进攻路线

仲达当时向曹操进言道：

“刘备以欺诈的方式攻打、俘虏了刘璋，因而巴蜀当地人还未倾心依附；如此情况下，却仍远征与吴争夺江陵（荆州）。这样的机会失不再来。如今，听闻主公（曹操）已夺取汉中，巴蜀必会震荡。若进军此地，刘备的势力必定瓦解。正所谓‘圣人不能违时，亦不失时’。”

曹操听后回答道：

“人苦无足，既得陇右，复欲得蜀！”

这是用了东汉光武帝的典故。曹操若能平定陕西，再伐

---

① 宁强县今属陕西省汉中市。

② 日本人习惯用“孔明”称呼诸葛亮，用“仲达”称呼司马懿，这一用法至迟在江户时代已经出现，本书作者也保留了这一习惯。译文遵从日语原著，不作更改。

蜀地的刘备，就如同光武帝先后破陇（甘肃）之隗嚣和蜀之公孙述，得以统一中国一样。曹操虽是半开玩笑地这样说，但他内心对此非常慎重，并不想立刻冒天险进军巴蜀。又有刘晔建议道：

“如今我军征服汉中，巴蜀之人听闻战报，破胆失守。如果乘势进军，马上就能平定巴蜀。刘备有人杰的气度，但是做事太慢。他占领巴蜀时间不久，人心未服。听说我军征服汉中，人人惊恐，其势自倾。以公之神明，利用他们自己的倾覆，定能成功将其击溃。如果稍微放松对巴蜀的施压，那诸葛亮可是个擅长政事的人物。有孔明为相，勇冠三军的关羽、张飞为将，巴蜀就安定了。如此一来，他们据天险防守，我军就无法进入。如今如不速取，必为后忧。”

然而，曹操并没有被这些话打动。

正在荆州对峙的刘备和孙权马上得知了汉中的形势，双方握手言和。江夏、长沙、桂阳三郡归孙权，南郡、零陵、武陵三郡属刘备，荆州被分割了。不可否认的是，刘备做出了让步。

此分割方案一成立，孙权就出兵合肥，从东侧威胁曹操。另一边，刘备回到江州，命黄权去接应逃到巴西的张鲁，然而此时张鲁已经到南郑投靠了曹操。曹操一度打到宕渠（四川省渠县），见汉中局势基本安定，便留下夏侯渊为主帅驻守，自己带着张郃、徐晃两人撤离。刘备趁机派出张飞，在宕渠的瓦口大败张郃，带着这场胜利回到成都。只是，汉中仍在曹操的强势掌握之中。此后数年，双方虽有小规模战斗，但基本维持着这种格局。况且，不仅仅是刘备，孙权和曹操也各自有内政需要整顿。

建安二十一年（216年），曹操加封魏王，并将悬而未决的继承人确定为曹丕。虽然曹操于翌年举行了册立（王）太子的仪式，但在217至218年间，曹丕、曹植之争及其后曹植的失势引起了魏内部的混乱。这时刘备趁势出兵汉中，击退曹操也在情理之中。法正向刘备提议：

“曹操一举降服张鲁，平定汉中，却不乘胜利之势夺取巴蜀，而是留夏侯渊、张郃守备，自己回到邺城。这并非智、力不能及之故，定是迫于内部的形势。现在，夏侯渊、张郃的才略与我方将帅不相上下，举众讨伐的话，一定能取胜。胜利之时，广农积谷，若窥见对手之隙，顺利的话，可一举打倒宿敌，成就尊奖王室的事业。如若不然，也可蚕食陕西、甘肃之地，扩大领土。最差的情况下，也可以固守要塞，为持久之计。此乃天赐良机，时不可失啊。”

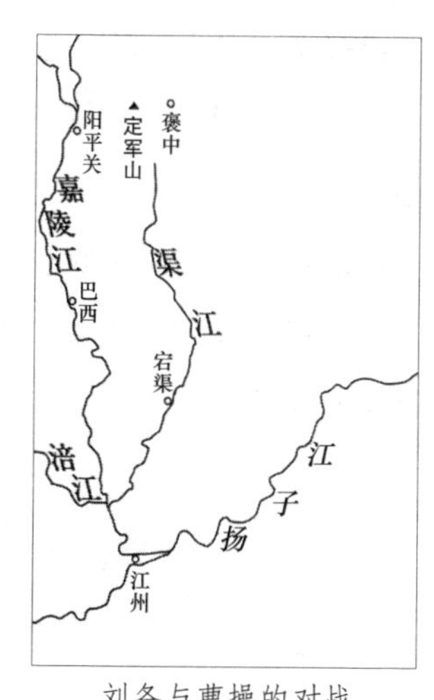

刘备与曹操的对战
(218—219)

刘备接受了这一建议，派吴兰、雷铜出兵汉中，同时自己亲自率军出阵阳平关。218

年至219年的对战中，最初并没有朝着对刘备有利的方向发展，他命令留守成都的孔明增援。孔明向犍为出身的杨洪征询出兵汉中的意见，杨洪回答说：

“汉中之地为四川全境之咽喉，若失此地，形同失巴蜀，这是家门之耻。”

孔明立即派出增援部队，刘备进军定军山（陕西省沔县东南），斩杀了夏侯渊。魏军由张郃代为统率，曹操也亲自率军自长安南下，穿过斜谷到达阳平。结果在两军对阵中，浑身是胆的赵子龙大显身手，曹军中却逃兵不断，曹操最终只得引兵而还。这样一来，汉中便归刘备所有，刘备又乘地利，命养子刘封从汉水上游顺流而下，与关羽相呼应，占领了荆州之地。这里且不详述。占领汉中、收服益州全境的刘备，借机接受了自孔明以下120名大臣的推举，称汉中王。刘备的远祖，汉高祖刘邦在统一天下前，也被项羽封为汉王，进汉中。

刘备虽然在汉中收获了初步成功，荆州事态却越发趋于不利。成为汉中王不久，关羽战死，刘备陷入了不得不放弃荆州的困境。

第十章
刘备之死

一、吕蒙

说回到建安二十二年（217年）。孙权部将中的亲刘派鲁肃去世，时年49岁。孙权痛惜不已，孔明也在葬礼上哀悼致意。两人在当阳初见，虽然各为其主，但其实早已视对方为知己。代替鲁肃屯驻陆口的是吕蒙，他曾是周瑜的属下，和周瑜一样，他也认为必须为孙权将刘备的势力彻底消灭。鲁肃接任周瑜之时，吕蒙曾向来访的鲁肃自陈对抗关羽的方案。当时，鲁肃听到之后说道：

“我以为弟徒有武略，没想到大有学识。非复吴下阿蒙。”

吕蒙并不服输，反击道：“士别三日，即更刮目相待。”吕蒙的方案具体是什么，我们不得而知，但吕蒙对于关羽的评价是：

“此人少年横暴，后来好读《春秋左氏传》，几能暗诵，是个有气概的人物。然而他过于自负，好胜心太强。”

吕蒙视关羽为“熊虎”，不断推演对付关羽的战术，到最后孙权也接受了他的观点。因为鲁肃之死，关羽落入了与吕蒙为邻的境况，而他与孙权的私人关系也进一步恶化。关羽不但拒绝了孙权替儿子求娶其女的婚事，还痛骂来使。这件事虽然不能确定具体时间，但我认为应该也是在鲁肃去世后不久。

此时在长安，有一个叫金祎的人，在217到218年之间，与耿纪、韦晃、吉本父子等人密谋拥立献帝，推翻曹操。此时金祎似已得关羽私下承诺相助，虽然这个计划最终失败了，但是关羽并没有放弃抗曹，正值刘备称汉中王，关羽抓住这个己方士气高涨的机会，开始攻打驻军于樊城的曹仁。

关羽大概担心自己出征时吕蒙从背后袭击，分别在江陵和公安部署了麋芳和傅士仁。然而，这一举措埋下了不幸的种子。关羽是个直性子，对他人内心所思所想并不关心，这种脾气激起了一些人的不满，麋芳、傅士仁就在其中。他们没有给关羽输送物资，也没有提供援助。关羽就是关羽，他在完全没有任何沟通的情况下，下令回去后重罚二人。关羽军中如此矛盾重重，而与此同时，正值八月阴雨连绵，汉水泛滥，关羽抓住这次机会一举攻上，擒获了曹操派来增援的于禁。樊城眼看就要到手了，襄阳以北的诸郡纷纷向关羽投降。今天的河南省南部这片区域都受关羽控制，平定荆州全境指日可待。曹操开始认真考虑将许都的汉朝皇帝迁到别处了。然而，魏也不容小觑，靠着樊城的守将曹仁的顽强，曹操的谋臣仲达、蒋济的巧妙外交，曹操摆脱了危机。相反，关羽陷入了窘境，功败垂成，不得不撤兵。

当时曹仁坚守樊城，城墙因大雨多处毁坏，没有粮食补给，于禁被擒，援军也不知在何处。然而将士们视死如归，他们甚至把白马投入洪流，作为某种遏制大水的咒语，最终总算挺了过来。曹操派出了由徐晃带领的下一批援军，援军成功抵达后，洪水也渐渐退去，樊城守住了。另一边，仲达等人探听到了关羽和孙权的不和，他们利用这一点，劝曹操许给孙权江南之地，与他结盟。

二、关羽之死

同一时间，在吴那边吕蒙也向孙权进言：

"关羽出发攻打樊城，却留下了很多守军，这一定是担心我从后袭击。如您所知，我身有宿疾，关羽也知道这个情况。因此，我借口养病，将驻扎在陆口的部下带回建业。关羽听闻我回到建业，定会放心地将守军转移到襄阳。这样一来，我们正好趁机攻打扬子江上游，夺南郡（江陵）轻而易举，擒关羽亦非难事。"

孙权接受了这个相当大胆的提议。于是，吕蒙请求说：

"我病已重，让我回建业去吧。"

孙权下令：

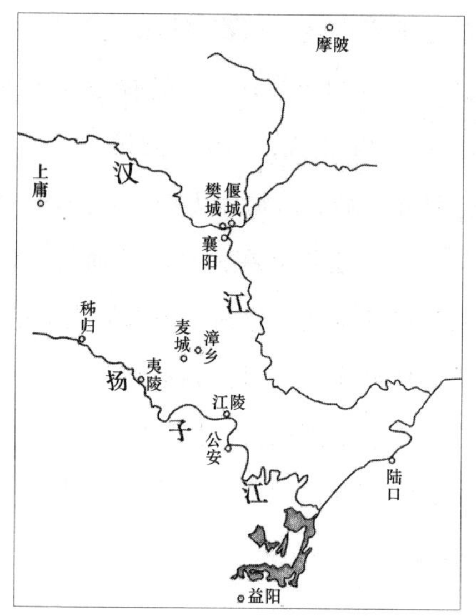

关羽之死

“许吕蒙回建业。”

陆逊前来探望回到建业的吕蒙。陆逊出身吴郡名门，娶孙策之女，也就是孙权的侄女为妻。陆逊问道：“关羽接境，为何还要远下？后续真的没问题吗？”

“确实如你所说。我也担心陆口，但我已病笃。”

两人就此相知相识。吕蒙赏识陆逊的才能，推荐他为自己的继任者。陆逊到陆口赴任，给在宛的关羽送去诚挚问候的书信一封，以便让他放心。

得知吕蒙归建业，陆口现在是陆逊镇抚，关羽大喜，他不知这是吴的作战计划。陆逊是什么人呢？他在吴内部也没什么名气，都觉得他不过是个毛头小子罢了。就是这么个寂寂无闻的新人，却轻而易举地打败了关羽。

正如吕蒙所料，关羽将留在江陵、公安的全部军队调去围攻樊城。此外，没有麋芳等人协助，关羽军粮不足时，就擅自运走孙权湘关粮仓里的米。这件事刺激了孙权，他终于下定决心进攻关羽。

孙权任吕蒙为大将，孙皎（孙权的从兄弟）为副将，进发江陵，同时秘密写信给曹操，申同盟之意。曹操那边当然也给出了回应，双方就此结盟。然而，双方在打败关羽后各有算盘，所以这一同盟并不紧密。

到寻阳后，吕蒙心生一计，将精兵藏在船底，让划船者打扮成商人的模样，趁关羽的守兵疏忽大意之时，迅速突袭抓获。接着拉拢麋芳、傅士仁，还俘虏了关羽和出征将士的家属。吕蒙几乎未费一兵一卒便迅速完成了行动，在北方征战的关羽甚至都不知道江陵已经失守。

北方这边，关羽正在樊城前步步紧逼，曹仁却和已经到达偃城（湖北省襄阳市北部）的徐晃束手无策。这时，曹操依董昭之计，向曹仁和关羽两军阵中用箭发射孙权寄来的同盟密信，以此鼓舞樊城守军的士气，而让关羽顾虑后方，挫其锐气。然而，关羽决心无论如何都要攻下樊城，看了密信后仍坚持继续围攻。他以为吕蒙已因病隐退，却没想到江陵已经落入他人之手。

曹操眼见关羽并未从樊城退兵，便亲自进军摩陂（河南省郏县）增援徐晃。徐晃得势，大破关羽的十重鹿角（逆茂木①），消灭了对手的主力部队。关羽败退，就在此时得到了江陵陷落的消息，军队斗志全无。关羽进退维谷，只好退走当阳的麦城，勉强保存实力。

在关羽征战樊城时，刘备命孟达等人救援，他们却左右摇摆，按兵不动。面对孙权的劝降，关羽假装投降，在城上立旗帜和假人，自己秘密从麦城逃走。然而孙权已经占领夷陵，断绝了关羽的后路，建安二十四年（219年）十二月，关羽与儿子关平在漳乡（湖北省当阳市北）被捕获。抓捕者是刘璋的原部下，已投靠孙权的马忠。孙权在临沮将二人斩首，终于获得了荆州的控制权。关羽的首级被送给了曹操。另一边，刘备失去了荆州和起兵以来的同盟兄弟关羽，既悲且痛。而在建安二十五年（220年），孟达又倒戈，投降了魏。孟达本是上庸郡太守，上庸郡位于沔水上游，是连接汉中与今之湖北省的交通要道。他的投降就意味着汉中与荆州相联系的北方通道落入了曹氏手中。孔明拥巴蜀、荆州以成鼎立之势的构想，再无实现的可能。

---

① 逆茂木，又叫鹿角木，战场上防守使用的栏栅装置。将木棒一端削尖朝外，另一端固定在地面，排列成排。

三、蜀汉建国

220年正月，66岁的曹操去世，曹丕继位为魏王。当年十月，曹丕逼东汉献帝禅让，即位为皇帝，是为魏文帝。那时蜀地误传来献帝被杀的消息，刘备遂为献帝发丧，其后虽得知献帝去世乃误报，但东汉的灭亡俨然已是事实。在刘备和孔明内心深处，复兴汉室的想法愈加强烈。

黄初二年（221年）四月，刘备在群臣拥立下于成都即位，国号为汉，继承汉室正统。祭祀汉高祖以下诸帝，定年号为章武，以孔明为丞相，置百官。当时人称其王朝为季汉，历史上称之为蜀汉。五月，立刘禅为皇太子。

蜀汉建国后，刘备首先立志为关羽报仇，夺回荆州。这个计划一提出，马上出现了赞成和反对两派僵持不下的局面。当地人多不愿起事，广汉出身的学者秦宓便是这一派的代表，他以有违天时为由反对东征，结果被囚下狱。刘备的老臣中也有劝谏他的，那就是赵云：

"国贼乃曹操，并非孙权。且若先灭魏，吴自会降服。曹操虽已死，但其子曹丕篡位为皇帝，想必人心尽失。应该利用人心之变，早图关中，再顺黄河、渭水而下，讨伐逆贼曹丕。这样一来，关东的忠义勇士们必然携兵粮策马以迎王师。不可将魏放在一边，而先去攻打孙吴。一旦动了干戈，就很难停下来了。"

才刚建国的蜀汉本应走上整顿国内、与魏国作战的道路，赵云之言是为正论，然而刘备没有听从。此时孔明又是什么态度呢？恐怕他明知与孙权作战无利可图，但亦深知刘备与关羽的交情，遂觉无法反对。可以说，这次孔明是为他人之情所缚了。尽管处于如此糟糕的境况之中，他还是尽力回避其影响，费心筹谋。很久以后，刘备伐荆州失败之时，孔明感叹道：

“若法孝直（法正）还健在，当能制止主上东征。即使未能制止，也必不至落到此等险境！”

220年，法正于45岁正当年时去世。除了能持一家之言、熟悉蜀地内情的法正之外，没有人能拦住刘备东征。

刘备出发前，一封表文从巴西郡郡治阆中（四川省阆中市）送来。驻守于此的是车骑将军、巴西太守张飞。按照计划，他应该从阆中出发，到江州与刘备的军队会合，上表应是为此事。然而，通报奏文之人却报告说：

“张飞将军之营都督上表。”

听到此话的瞬间，刘备大喊道：

噫！飞死矣！

在那一瞬间，刘备脑海中浮现出种种画面，他仿佛看到了张飞鞭打部下健儿的样子，被鞭打的健儿神情懊恼，又要像无事发生一样侍奉张飞左右。刘备心中暗自念道：“分明已经提醒过你，怎么还是死于部下之手呢？”他很快看了奏文，张飞果然如刘备所担心的那样，被部下张达、范强暗杀。凶犯带着张飞的首级，顺流而下逃往孙权处。张飞是一个直性子的武将，对部下非常爱护，但同时刑罚甚是严厉。

在关羽之后，刘备又失去了张飞。七月，他就怀着这份悲痛从成都出发了。

四、白帝城

接到刘备进军的报告，孙权大惊，派使者与刘备求和。南郡太守诸葛瑾亦送来书信：

"听闻您已率军至白帝城，是因为吴王袭夺荆州，杀害关羽而心生怨恨吧？然而，此次出征可谓用心于小事，未留意于大事。试为陛下论事之轻重大小。若陛下能抑制一时的情绪，听我一言，马上就能做出决策。陛下对于关羽的感情，与对先帝献帝的忠诚相比，哪一个更重呢？荆州与天下相比，哪一个更大呢？您与孙权有仇怨，曹丕也是可憎之人，但是二者孰先孰后，谨慎考量再做决定，则易如反掌。"

刘备拒绝了他的劝谏。因为兄弟孔明的关系，诸葛瑾被怀疑通敌，但孙权信任他，并不理睬这种言论：

"我与子瑜（诸葛瑾）有至死不易的誓言。子瑜不会背弃我，正如我不会背弃子瑜一样。"

魏国也看到了眼下的形势。220年，魏召群臣于御前议事，所议的主题就是"刘备是否会为关羽报仇"。群臣的意见大多是：

“蜀国不过一小国，名将只有关羽。关羽既已死，军队残破，国内弥漫着忧惧的气氛，恐怕不会出兵。”

然而侍中刘晔的看法与此不同：

“蜀国虽然地狭势弱，但刘备想要以武力壮大威势，必然示天下其有余力。况且，关羽与刘备名为君臣，实际上情同父子。关羽之死，刘备不报仇定不罢休。”

果然如刘晔所言，刘备以吴班、冯习为先锋，进发巫（四川省巫山县[①]）、秭归，同时号召武陵山中的蛮族参战，兵力达四万。作为回应，吴也派陆逊为主帅，率朱然、潘璋等以五万之众迎战。同时，吴因担心魏国入侵而与之结盟，试图扭转局势。

吴之使者与魏国降将于禁同行而来，向魏称臣，以示降服之意。魏国群臣都庆贺江南将要归顺。这时又只有刘晔的意见不同：

“吴远在江南，并无臣服于魏之心。陛下（曹丕）虽有如尧[②]般伟大的德行，但吴地丑虏怎会明白。如今吴来称臣，实难相信，定是为内忧外患所迫。因此，应该趁吴之困，袭而取之。正所谓‘一日纵敌，数世之患’。”

---

① 巫山县今属重庆市。

② 《三国志·刘晔传》原文作“陛下虽齐德有虞”，有虞应指“舜”，代指古代圣王。

刘晔的意见并没有受到重视，孙权还是被封为吴王。

章武二年（222年），刘备兵分两路，亲自率军向长江南岸进发。北岸的军队由黄权指挥，此人是巴西阆中人，最初仕于刘璋，而后出仕刘备，击败夏侯渊时立了大功。在刘备决意伐吴时，他说：

“吴军勇猛，且水军顺流作战时，进易退难。请以臣为先锋至吴地，陛下镇后。”

然而为关羽报仇心切的刘备，急切之下，自率南岸之军为先锋出发了。从本年的一月到闰六月，蜀军没有遇到抵抗，自巫峡、建平（四川省巫山县）至夷陵（湖北省宜昌市），七百里间立栅连营数十。实际上，这种不抵抗主义正是陆逊的作战计划，他命令吴军在这半年中不要作战。从这一点看来，刘备早就陷入敌人计中。此外，刘备的排兵布阵也并不恰当。曹丕有如下批评：

“刘备不懂兵法，连营七百里防守敌军，世上岂有这种事！”

九月，[①]陆逊终于开始发动军队。诸将以刘备防守坚固而反对，果然首战吴军失利。诸将认为：“这只是让士兵白白送死！”

陆逊下令：“我已知晓破刘备之法，让士兵各自手持火

① 《资治通鉴》系于闰六月，下文所述曹魏伐吴之事系于九月，见卷六十九《魏纪一·世祖文皇帝上》。

把，用火攻!”

这个作战计划一举奏效，刘备被击溃了，黄权因退路被切断而降魏，马良、冯习、沙摩柯（或为印度人?）等将被杀。刘备于万难之中逃到白帝城，将此地改名为永安。

这时，孙权因拒绝向魏国送人质而遭攻伐，遂向刘备求和，吴、蜀再次建立联盟。而另一边，孙权仍与魏国往来，态度可谓反复无常。

五、刘备之死

为关羽复仇的战争失败了，刘备终于于222年十二月卧病不起。到223年二月，孔明自成都赶赴永安，皇帝的病情愈加严重。离死亡越来越近的刘备，决定让孔明辅佐太子刘禅，以李严为副手。李严原本是刘表的部将，赤壁之战前赴蜀出仕于刘璋。刘备把孔明叫来身边说：

“君之才能是曹丕的十倍，定能完成安邦定国、复兴汉室的大业。若我的儿子值得辅佐，就辅佐他；若他没有这个才能，君可自取之——代替他为蜀国的天子。”

刘备对孔明的信赖何其深厚。听了番话，孔明含泪答道：

> 臣敢竭股肱之力，效忠贞之节，继之以死。

刘备告诫17岁的少年刘禅道：

“为父起初只是患痢疾，而后多病并发，已经无法治愈了。人生五十载便不能说是短命，我已经迈过六十的坎了，如今死亦何憾，又有什么好伤心的呢？我唯一担心的是你们兄弟。先前听从事中郎射援说过，丞相说你才智卓越，进步过于所望，甚觉欣慰。若果真如此，为父又有什么好担心的呢？勉之，勉之！勿以恶小而为之，勿以善小而不为。惟贤惟德，能服于人。为父德行浅薄，不要效仿我，要读《汉书》《礼记》。闲来读读诸子之书，如《六韬》（兵家）、《商君书》（法家）之类，这些书有益于人之心智及增长知识。听说丞相之前为你将《申子》《韩非子》《管子》（皆为法家）及《六韬书》抄成一部，却在送来的路上遗失了，你自己也要去求教学习。”

字里行间，流露出对孩子前途的关切。临终时，刘备又将刘禅、刘永唤来，告诫道：

“我死之后，你们兄弟要待丞相如父，与丞相共事。”

章武三年（223年）四月二十四日，刘备去世，享年63岁，随即发丧。五月，刘禅即位，灵柩还成都，定谥号为昭烈帝，八月葬于惠陵。惠陵至今仍存于成都城南。

永安宫东南有名唤“八阵碛”的遗址，细石排成矩阵，像有绳子牵引一样，据说这就是孔明制作的“八阵图”。当然了，这是天然形成的，这种说法只不过是又一个孔明传说罢了。孔明显然是研究了历代兵法才创造出八阵，此阵法经过晋的陈勰、北魏的刁雍、隋的韩擒虎之手，一直传到唐代的李靖那里。

此外，相传孔明还创制了三面圆阵、连衡阵，发明了十连发的连弩、防御敌人进攻的铁蒺藜、弩箭射不穿的筒袖铠和铁帽等。他选拔士兵的条件是：

“能举起二百斤（约45千克）以上的重物，熟练使用大戟（矛），能拉开一石七斟以上的强弓。”

至于选拔士兵后如何行军，孔明亦有记述：

“战场上士兵不得喧哗。明听鼓声，静视幡麾，麾向前则进，向后则退，向左则左，向右则右。没有听到号令就前后左右异动者斩。”

“水战中听到雷鼓声，举起白幢绛（红色）旗，大小船皆前进，不前进者处斩。听到钟声，举起青旗，则船停下，前进者处斩。”

“战斗中，将船上的布幔、布衣浸水后堆积起来，敌方的火炬、火箭攻来时用于灭火。”

赤壁之战中，曹操就是没有注意这一点才失败的。

“陆战中，敌方的骑兵攻来时，步兵将战车排在阵前防御。狭窄之地则以锯齿防备。”

“先遣侦察骑兵前行，持五色旗，见沟坑举黄旗，十字路举白旗，水涧举黑旗，丛林举青旗，有野火则举红旗。以本鼓回应。”

这些也为陈勰所继承。

六、接受遗诏

后主刘禅正如父亲刘备所担心的那样，是个平庸之人。拥立这样年轻而平凡的天子，与吴、魏对抗，对于孔明来说这是件困难的差事，摆在他面前的是重重苦辛，但他毅然承担了这份重任。

孔明最大的目标就是推翻魏国，复兴刘氏的天下。为此，必须挖掘国内人才，整饬政事，平定居住在今之云南，即彼时之益州郡的异族。

外交方面还要与吴交涉，先帝刘备为报关羽之仇而与吴开战，但要打倒魏国，必得与吴同盟。

孔明该如何处理这些问题呢？此时他已身为丞相、军师中郎将，录尚书事，加司隶校尉，领益州牧，文武职权尽收手中。

听闻刘备去世，魏国司徒华歆、司空王朗、尚书令陈群、太史令许芝、谒者仆射诸葛诞[1]等人均向孔明寄来劝降书。孔明没有回信，而是起草了《正议》一文。

“从来为政以德为先。昔项羽因不修德，虽然称帝，仍为高祖所灭，处以汤镬极刑，以为后鉴。然曹操不鉴之，自己

① 《三国志·诸葛亮传》裴注引《诸葛亮集》作“诸葛璋”；宋人唐庚《三国杂事》作“诸葛诞”，似误。诸葛诞《三国志》有传，见卷二十八。

虽幸免，子孙终究难逃其祸。华歆、陈群等人徒增年齿，奉伪朝廷之命送来书信，就如同陈崇、张竦称颂王莽功德。王莽拥四十万强兵，世祖（光武帝）仅率四千弱卒，而摧其于昆阳。胜败之分，不在众寡，而在于是否有德，是否正义。曹操以狡诈之力，率军数十万救张郃于阳平，最终失汉中之地，仅以身免。他深知神器不可妄得，感毒而死。其子曹丕变本加厉，篡夺帝位。纵使二三子多逞苏秦、张仪诡靡之说，为其歌功颂德，但终究是君子之所不为。”

孔明将魏国比作项羽、王莽的政权，对内对外宣称蜀继承的是高祖、世祖的事业，明确表示蜀国的立场，同时发布《军诫》：

“昔黄帝整兵数万平定四方，何况如今率数十万众，据正道而临有罪，还有什么能阻挡我们呢？”

《正议》《军诫》指明了蜀国前进的方向。

刘备起兵初的跟随者中，除赵云之外几乎都已去世，如今需要新的人才。蜀国的中央政府中，李严和刘琰为孔明之助，身居要职。孔明在后主即位的同时获准开丞相府（幕府），丞相府中汇集了后来肩负着蜀汉的人才，有蒋琬、费祎、李邵、马勋、宗预、杜微、秦宓、五梁、郭攸之、董允等。将秦宓、杜微这样在刘备时代不肯为官的学者请出山，是孔明的大功劳。

孔明对部下也有如下训示：

“所谓参署，就是集众思广忠益。如果忽视小问题，搁置不同意见，只会蒙受损失。如果能在各种意见中得到中庸，就如同弃破草鞋而得珠玉一样。然苦于人即使明白这一道理，也无法尽心而为。惟友人徐元直（徐庶）处事不惑，还有掌军中郎将董幼宰（董和）与我参署七年，一旦对事情稍有不同看法，能做到往返十次交换意见。诸君处事之周全若能做到元直、幼宰的十分之一也好，这样我就能少犯错误，为国家尽忠了。”

这表明了他在政治上的基本态度。孔明为政事无巨细，且亲力亲为。往好处说，这是“率先垂范”，然而这未必是治国者的应取之道。主簿杨颙便曾对亲自核对账簿的孔明劝告道：

“为政有一定的制度，上下级负责的事务不可交侵。让我用家务事为您作比吧。今有一人，使奴仆耕种，婢女做饭，鸡司晨，狗吠盗，牛载重物，马赶远路。则家业没有浪费，所求皆能满足，可高枕无忧，饮食而已。但若要一人全部亲力亲为，不假手他人，就会身心俱疲，终无一成。难道说是此人的能力不如奴隶牲畜吗？只是治家的方式错了。因此古人说：‘坐而论道谓之三公，作而行之谓之士大夫。’从前，丞相丙吉不问横死道中之人，而担心喘息的牛，这并非轻人命、重动物。民间私斗应由地方官处理，与丞相无关。春天天气还没有热起来，牛就开始喘气，丙吉作为丞相担心的是气候不调。天子询问陈平钱谷之数，陈平回答说不知道，此事自有人负责，他正因清楚君臣之分才这样说。如今由您主政，连账簿都亲自核对，整日流汗，难道还不劳累吗？”

第十一章
南方平定

一、吴蜀同盟

在今云南省到贵州省之地居住着称作西南夷的异族，其酋长之一名为雍闿，他趁刘备去世，杀太守正昂起兵，又将派来接替正昂的张裔擒送吴国。雍闿联络交州太守士燮，暗中向吴国求助。交州与西南夷所居之地自古就有道路相通，吴国亦欲利用雍闿的势力，从南部向蜀汉施压。吴国任命雍闿为永昌太守、刘璋之子刘阐为益州太守。在雍闿的劝诱下，以豪杰孟获为首，朱褒、高定元也加入进来，叛乱的规模进一步扩大。

孔明已意识到必须讨伐雍闿，但他仍在犹豫是否要立刻行动。首先是刘备新丧，此时进行战争动员，不过是刺激民心，徒劳无用。其次，吴国成了雍闿的后盾，如果出兵平叛的话，将会直接影响在刘备死后好不容易修复的对吴外交关系。以蜀国现在的势力，并不是吴、魏两国的对手。基于这样的判断，孔明只是关闭了越嶲（四川省西昌市）的云关。

虽然蜀与吴在刘备晚年一度处于敌对关系，但两国中仍有不少声音认为，要抗击魏国必得结盟。双方再次开始互相让步。孔明启用邓芝与吴国交涉，邓芝出身南阳，虽是东汉初期名臣邓禹的子孙，却不受刘焉父子的重用。一次，邓芝向孔明进言道：

“今主上幼弱，刚刚登基，应派使臣去东吴结为同盟。”

“我也正有此意，只是还没有合适的人选，今日总算找到这样的人物了。”

“是谁呢？”

“就是你了。”

邓芝带着二百匹马，又携千匹锦等蜀国物产出发向吴。吴国那边因数年来的龃龉，难测蜀国真意，与邓芝的交涉毫无进展。邓芝便直接向孙权上书：

“我此次前来也是为了吴国，不仅仅是为了蜀国。”

这样一来，邓芝总算能够与孙权会面了。席上，孙权告诉邓芝说：“我的确想与蜀国和睦友好，然而蜀国天子幼弱，国土狭小，国势也谈不上强盛。一旦魏国攻来，蜀国恐怕就难以为继了，所以我才迟迟下不了决心。”言谈之中对蜀国甚是轻视。

邓芝回答道：

“吴、蜀二国共守四州之地，大王乃命世之英，我方丞相诸葛亮也是一代人杰。蜀有天然屏障，吴有三江之险。合两者所长，结为唇齿之交，进可一统天下，退可鼎足三分，这才是自然之理。我听说魏国要求贵国送人质，属实危险。这次要求送人质，下次就要大王入朝、太子为内侍了。贵国若拒绝，魏国会以‘吴国反叛’为由发动战争。那时候，蜀国同样有机会顺流而进，不是吗？如此一来，江南之地就不再为大王所有了。”

“……”

“……”

“君言是也。”

吴、蜀终得联合，建兴二年（224年），孙权派张温赴蜀，呈上国书解释此前吴、魏两国的关系，以求理解。

张温作为吴国正使访蜀，在朝廷的送别宴上，蜀国官吏都带来礼物为他饯行，只有秦宓没有来。孔明派人去请。张温向孔明问道：“秦宓是什么人？”

“是我国的学者。”

不久，秦宓来了，他与张温之间发生了如下问答对话。

张温问道：

“君学乎？”

秦宓答曰：

“五尺童子皆学，何必小人！”

“天有头乎？”

“有之。”

“在何方也？”

“在西方。诗曰：‘乃眷西顾。’以此推之，头在西方。”

“天有耳乎？”

“天处高而听卑，诗云：‘鹤鸣于九皋，声闻于天。’若其无耳，何以听之？”

“天有足乎？”

“有。诗云：‘天步艰难，之子不犹。’若其无足，何以步之？”

“天有姓乎？”

“有。”

“何姓？”

“姓刘。”

“何以知之？”

“天子姓刘，故以此知之。”

“日生于东乎？”（东方的吴国才是太阳升起之处。）

“虽生于东而没于西。”（太阳虽然升从东方升起，最终却会来到蜀国所在的西方。)

作为对张温来访的回应，孔明派邓芝为答礼使臣。孙权与邓芝之间发生了如下问答对话：

孙权问："若天下太平，吴、蜀二主分治，不是很好吗？"

"所谓'天无二日，土无二王'。并魏之后事，大王您未能认识到天命所在。主君各茂其德，我等臣下只能各自尽忠，拿起武器准备开战了。"

"哈哈，你对吴确实一片真心袒露。"

孙权其后寄给孔明的书信中写道："贵国的外交官中，丁厷言辞浮夸，阴化不尽；能和合二国者，唯有邓芝。"

二、五月渡泸

与吴通好，整顿内政，恢复民生，增强国力，建兴二年（224年）就这样结束了。翌年（225年）夏五月，孔明亲自率兵渡过泸水，攻打西南夷的大本营。

话说，诸葛亮在渡河进军时，曾沉下白璧、献上祭文，以祭祀河神，这是当时的宗教仪式。祭文有着一定的格式：

某主使者某甲敢告于河，贼臣[①]某甲作乱，天子使某

---

① 《太平御览》卷五百二十六引诸葛亮《军令》作"贼臣"。

率众济河，征讨丑类，故以璧沉，惟尔有神裁之。

蜀国所谓“贼臣”多是指篡汉的魏，但这里说的是雍闿。

西南夷所居之地，地下资源丰富，并且处在与缅甸、印度，即中南半岛的贸易要道，能够与之交易玉石、锦织物等珍贵物产。与魏、吴相比，蜀国的资源算不上丰富，为了完成讨魏大业，必须增强军备，从这一层面来讲，此地对蜀国至关重要。如若置之不理，吴国很有可能从后方威胁蜀国，远征北方会变得极为不利。雍闿起兵叛乱时，刘备刚刚去世，蜀国的首要任务是稳定国内秩序，吴蜀结盟的前景也尚不明确。而在这一年中，国内整顿基本完成，与吴国的关系也稳定下来，远征便势在必行。然而，此时马超、黄忠二将去世，没有能够委任的主帅，孔明决定亲自挂帅出阵。此役可以说是孔明作为主帅的第一仗，他原本不是那种拿起武器打仗的人物，在此之前没有参加过什么实战。

对于孔明的计划，王连劝谏说：

“南方诸郡乃不毛之地、疫疾之乡，作为一国之望的宰相怎能亲自涉险。”

然而孔明之意已决。诉诸武力毕竟是最后的手段，蜀国的中枢发布了六次劝降书，然而收到的回信只说：

“听闻‘天无二日，土无二王’，可如今天下不是三分为魏、蜀、吴吗？我们远在天边，根本不知道哪一个才是正统王朝，也不知道该跟随谁。”

这就是“夜郎自大”的传统吗?

雍闿向武艺超群、深得人心的孟获送去书信:

“官府要求送胸前黑色的乌狗三百头，螨脑三十，三丈长的断木三千根，你能忍受这种无理要求吗?”①

所谓“断木”，就是不弯曲且质地坚硬的木头，长度仅能达到二丈。三丈断木的要求可谓无理，一根尚且难寻，三千根只能说是在故意为难。这究竟是雍闿编造的还是官吏的真实要求，我们不得而知。即便是雍闿编造的，汉人官吏对异族横征暴敛也并非不可能，这当是雍闿叛乱的原因之一。

跟随孔明南征的有马忠、李恢、张仪等部将，马良的弟弟马谡也作为参谋随行。孔明欣赏马谡的才能，加以重用。出发之前，孔明问马谡:

“虽已与君讨论南征之事多年，如今可还有良策赐教吗?”

---

① 《华阳国志·南中志》原文作:“官欲得乌狗三百头，膺前尽黑，螨脑三斗，斫木构三丈者三千，汝能得不?”关于“螨脑”所指何物，说法不一。一说即玛瑙;一说“螨”作“蛐”，即左思《蜀都赋》中的“蛐蛦”，是一鸟名，刘逵注《蜀都赋》曰:“如今之所谓山鸡，其雄色斑，雌色黑。”参见刘琳注:《华阳国志校注》，成都:巴蜀书社，1984年版，第352—353页。一说“螨”当作“蝻”，《玉篇》:“含毒蛇也。”参见任乃强注:《华阳国志校补图注》，上海:上海古籍出版社版，1987年版，第241页。“斫木”，一作“断木”，《华阳国志校注》认为即《本草纲目》中的柞木，木质坚韧，可为凿柄，俗称凿子木，西南通称“青枫”。

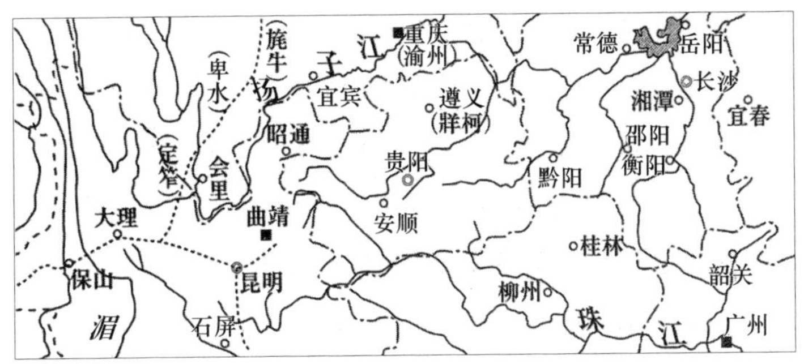

“南中之地凭地理之险，长久以来未能降服。今日破之，明天又反。如今丞相正倾全国之力北伐讨魏，他们得知的话，即使一时投降，也会马上再次叛乱。如果一个不留全部杀光，则不是仁者应为之事。从来用兵之道，以攻心为上策，攻战为下策，也就是说心战为上，兵战为下。请您让他们心服。”

孔明出征时，以向朗为丞相长史留守。孔明首先从安上走水路至越嶲，又命马忠讨伐牂柯（贵州省遵义市以南），李恢进军益州郡（治云南省昆明市）。孔明在越嶲要对付的是高定元，设阵于旄牛（四川省清溪县[1]），定笮（四川省盐源县）、卑水（四川省越嶲县[2]东南）。孔明驻军卑水，打算等高定元的军队集中，再一举歼灭。在此期间，叛军发生内乱，最初起事的首领雍闿被暗杀，孟获代之成为中心人物。终于，

① 应为今四川省汉源县，属雅安市，清溪是汉源清代旧称。

② 1959年普雄、越嶲两县合并，置越西县，今属凉山彝族自治州。

孔明斩杀了高定元，马忠也在牂柯收获胜利。他进驻牂柯后抚慰当地百姓，正是实行了马谡所谓的“心战”。那么李恢所率之军情况如何呢？李恢本就是建宁（云南省曲靖市）出身，与蛮族爨习是亲戚。因此，对于叛乱者来说，李恢是投靠汉人的背叛者，他在昆明被敌人包围，与孔明的大部队失去联络，一时间陷入危机之中。李恢施巧计，总算找到包围圈的疏漏，突围而出抵达了盘江。如此一来，孔明便将在五月渡过泸水，攻打敌军的大本营。

进发敌军根据地之前，孔明下令：

“生擒敌将孟获！”

事情正如孔明所愿，孟获被带到了孔明面前。孔明带他遍览营阵，问道：“此军何如？”

“先前之战，因为不了解您的部队虚实所以失败了。现在我到军中看过了，只是这种程度的话，取胜轻而易举。”

“哈哈，把这个人放了！”

孟获就这样被七次释放又七次抓捕。第七次被抓来时，孔明仍打算放了他，他自己却拒绝了：“您天生有神力加持，南人不会再背叛您。”

这也是马谡所谓的令对手心服而取胜的表现之一。

就这样，南方的战争告一段落，孔明改变了地方行政区划，以李恢为最高长官，以孟获等地方酋长为官吏，任用如旧，允许该地半自治，勇敢者则编入名为“飞军”的军队中。当被问及为什么没有置汉人官吏和军队时，孔明说：

“若要置汉官，就须屯驻军队，屯驻汉人军队就须供应粮食，此其一。也有意见认为免去屯军即可，但这里曾是战场，许多人的父兄为汉人所杀伤，一旦置官而不屯军，恐怕会生摩擦。此其二也。”

秋七月，南方平定后，孔明凯旋成都。南方送来的物资源源不断，为近在眼前的北伐做好了准备。

后来，此地有诸葛寨、诸葛泉、诸葛地、诸葛营、武侯旗台，甚至还有诸葛亮教做馒头的相关故事流传下来。这大概是因为三国时，此地纳入蜀汉领土后得到了开发。西汉武帝时，四川地区的汉化只推进到长江流域为止，到了三国时代，终于越过长江向南进一步扩展了。

第十二章
北伐

一、孔明与李严

建兴四年（226年），孔明与民休养，完成了北伐的准备。陈到被派往永安，李严则从永安调到江州，孔明打算在出征后将后方委托给他。李严向投奔魏国的孟达送去一封书信：

“我与孔明受先帝刘备托付后事，责任重大，忧虑重重，希望能求得一个好的帮手。”

孔明也给孟达写信道：

“李严处理事务如流水，对事物取舍果断。人如其字，性格正方（李严字正方）。”

孔明如此信赖李严，李严却未必值得托付。这是后话了。

李严在北伐之前曾劝孔明受九锡，进爵称王。九锡是天子赐给大臣车马、衣服、乐器、弓矢、仪仗兵等九种特殊的恩典，以示优遇。称王，则是把自己摆上仅次于天子的位置。

曹操就是走的这条路线。李严知道刘备临终的情形，也见到刘禅不足托付，那既然有刘备的临终遗言在，便暗中劝孔明取而代之。对此，孔明的回信是：

“你我相交多年，原已无须相解。但是你说，为了弘扬国威，不可再拘泥，这点我有话说。我本是东方一无用之士，误用于先帝，位极人臣，禄赐百亿。如今讨贼之业未成，先帝的知遇之恩未报，却想要得到齐桓公、晋文公那样的宠遇，也太自以为是了，并非正道。倘若消灭了魏国，诛杀曹叡(明帝)，还都洛阳，与诸君并升高位，就是十命也可受，更不必说九（九锡）了。”

孔明的回信显示了对蜀汉皇帝刘禅的忠诚，同时还能感受到其中的从容和幽默。另外，这一年魏国的曹丕去世，其子曹叡即位，成为第二代皇帝明帝。蜀国伐魏也是以此为一个契机。孔明向后主刘禅上《出师表》，亲自率军北伐——这是一场向天下宣告蜀汉正统性的战争。这篇文章号称千古名文，下一节即其全文。

二、《出师表》[①]

臣亮申し上げます。先帝（劉備）は漢室を復興するという大事業をおはじめになり、そのことがまだ半分もおわらぬうちに、中途でおかくれになりました。今、中国は蜀・魏・呉の三つに分れ、蜀の地益州は物資にも人材にも乏しく疲弊しております。ほんとうに国家存亡の危機に立っていると申さねばなりません。

“臣亮上书。先帝（刘备）刚刚开启复兴汉室的大业，还没到半程时就中途驾崩了。如今中国三分为魏、蜀、吴，蜀国所处的益州，物资人才皆匮乏疲敝，国家当真处于关乎存亡的危机之中。”

そうではあるが、天子のそばに奉仕する宮内の官吏たちが怠らず勤め、忠義の志にもゆる士たちが、戦場に死を思わず一身を忘れているのは、それは有難い特別の御取り扱いを受けた先帝からのご恩を、その御子である陛下に報

---

① 本节所引《出师表》训读文由作者的祖父，日本著名汉学家狩野直喜撰写。先将《出师表》分段落，用日文训读加现代日语译文的形式来解释，这是日本汉学研究的传统治学方式，为的是尽可能准确地理解中文的古文原文。鉴于中国读者对《出师表》原文之熟悉，今仅保留现代日语译文部分，并添加对应的中译文，供读者参考。

い奉らんと思っているからでございます。どうか陛下は広く臣下のものどもの申し上げることに耳を傾けられ、これをお用いになり、先帝の遺徳を大きくなされ、志士の気持をはればれと大きく広くなるようになされねばなりません。初めからそんな事は自分でできないと諦め、いろいろ、喩を引っ張り、道理にあわぬくだらぬことを仰せられて、せっかく陛下のお為めと思って忠臣たちが申し上げる諫言の路をおふさぎなされてはいけません。

"然而，在天子身边侍奉的宫内官吏勤奋不懈，忠义志士在战场上舍生忘死，这是因为受到先帝厚恩，想要报答给先帝之子——陛下您啊！陛下定要广泛听取臣下的意见，以光大先帝遗德，弘扬志士的精神。不可从一开始就觉得自己做不到而放弃，不可讲那些铺陈比喻又不合道理的话。忠臣们好不容易为陛下进言，不可阻塞他们谏言的道路。"

陛下のおられる宮中と、政治の行なわれる府中とは一体にして決して分かれてはならない。善悪賞罰はちがっていてはいけない。もし悪いことをしたり、罪科を犯すものがあったり、また忠善の行をなすものがあったなら、さっそく役人にお申し付ありて、悪人を刑し、善人を賞して、陛下の公平、明亮なる政治をお示し下さい。天子のお側にいるから悪事をしても罰せられぬ、府中にいるから功績あっても賞せられぬというようなかたよったことがあって、宮中・府中とその人のいる所によって法の適用が異なってはなりませぬ。

“陛下身处的宫中和运作政治的府中是一体的，绝不能分割开来，赏善罚恶时不能有所不同。若有作奸犯科者，或行为忠善者，应该早些交给官吏，惩罚恶人，奖赏善人，以显示陛下为政公平明白。天子身边之人做了坏事也不惩罚，而府中之人立下功绩也不奖赏，这种偏袒绝不能发生，不可因身处宫中或府中的位置不同，而在律法上采用不同的标准。”

侍中の郭攸之・費禕、侍郎の董允、いずれも宮中の人だが、このものたちは、皆老成実直、思慮深くて忠誠一途である。それだから、先帝は多くの臣下の中からえりぬいて、これを陛下にのこし賜わったのでございます。

“侍中郭攸之、费祎，侍郎董允，诸位皆是宫中之人，然而老成正直，思虑深远，忠诚专一。因此，先帝从众多大臣中将他们选拔出来，赐给陛下。”

私が考えますのに、宮中のことは大小の別なく、すべてこの三人に問い、そのあとで実行にうつせば、きっとその不足不備を補い、事業がいっそう広まってゆくでありましょう。

“我想，宫中之事无论大小，若都问过这三人再实行，一定能补全不足和缺漏之处，让事业得以进一步扩展。”

将軍の向寵、性質は立派にして善く、公平にして私なきもので、かくのごとき人物である上に、軍事に精通しております。むかし先帝が試みに彼をお用いになりました。その腕前をご覧あって『よくできる男じゃ』と仰せられました。それゆえに、このたびみなが、彼がもっともよいと申して、彼を挙げて奏上し、軍の長官となりました。

“将军向宠，秉性贤良，公正无私，又精通军事。先帝曾试着起用此人，看到他的本事后评价道：“真是有能之士。”因而此次众人均以之为最佳人选，推举他担任军队的长官。”

私が考えますのに、軍中のことはことごとく向寵にお謀りになるならば、きっと軍中も互いに仲よく一致し、また優者も劣者もともにその適当な地位にいて、不平のないことと存じます。

“我认为，军中之事应悉数由向宠谋划，如此定能使军中关系和睦，优劣不同之人都得到适当的位置，不生怨言。”

这里孔明告诫说，君主最重要的就是亲贤远佞。刘禅再怎么说也年纪尚轻，资质又平庸，容易被宫中那些只看他眼色的人欺骗，优秀之人反而让他觉得拘束，因此孔明才呕心沥血，写下这样一段忠言。但是，此番谏言并没有起作用，孔明死后，宦官黄皓等人为所欲为，最终导致了蜀汉的灭亡。

賢臣を親しんでつまらぬ人物を遠ざけた。これが前漢の興った理由である。つまらぬ人物を親しみ、賢臣を遠ざけた。これが後漢の滅亡した理由である。先帝のご在世中、いつも私とこのことを議論して、後漢の桓帝・霊帝といった誤りを犯した皇帝について歎息し、痛恨をお感じにならないことはありませんでした。

“亲近贤臣，疏远小人，这是前汉兴盛的原因。亲近小人，疏远贤臣，这是后汉灭亡的原因。先帝在世时，时常与我讨论此事，每每为犯下这般错误的后汉桓帝、灵帝叹息，心感痛恨。”

侍中（郭攸之・費禕）・尚書（陳震）・長史（張裔）・参軍（蔣琬）、これらはすべて貞良で節に殉じて死をいとわない臣である。どうか陛下、彼らに親しみ、彼らをお信じ下さいますよう。そうすれば必ず、漢の王朝が興ること、時間の問題になるにちがいありません。

“侍中（郭攸之、费祎），尚书（陈震），长史（张裔），参军（蒋琬），这些都是有着贞良气节，至死不渝的臣子。请陛下亲近他们、信任他们。这样一来，振兴汉王朝只是时间问题。”

臣はもと布衣の身で、自分で南陽に耕して日を送り、ただ命を長らえさえすればよいと思い、おのれの名を諸侯に聞ゆるようにして、立身出世をしようという考えはすこしもありませんでしたが、先帝におかせられては、私のようないやしきものに対せられ、おかまいもなく、貴き御身を曲げさせて、三回までも草屋をお尋ね下さって、この世にあたり、どのようにしたらよいか、とのご質問を頂きました。そこで私は先帝のご知遇に感激いたしまして、お仕え申し、犬馬の労をいたすことを堅く約束申しあげました。

“臣原本是布衣之身，独自在南阳耕作度日，只想保全性命罢了，从未想过出人头地，使自己之名闻于诸侯。对我这般卑贱之人，先帝竟三次屈尊前来草屋中寻访，询问当今之世该如何为好。我感激先帝的知遇之恩而出仕，誓要为他效犬马之劳。”

のち荆州で戦いに敗れた時、先帝に命ぜられて呉に行き同盟をなして、ついに赤壁で曹操を敗り、大勝利を得ました。その時から、いつの間にか二十一年、先帝は私の謹しみ深いことを知っていられました。だから、おなくなりになる今はの際に私に陛下の御身をお頼みになったのでございます。

“后来在荆州战败之时，我奉先帝之命前往吴结盟，最终在赤壁大败曹操，取得大胜。从那时算起，[①]不觉已过去二十

① “那时”指的是上一句，刘备三顾孔明于草庐时。

一年了，先帝深知我的谨慎。正因如此，才在临终前将陛下托付于我。”

太子を頼むとのご遺詔をうけていらい、昼となく夜となく心配し、もしか、臣の力がたらず、お頼まれしたしるしがなく、先帝が臣をご覧になったのが間違いであった、先帝に人を見るの明がなかったということになったら大変だと、それのみを恐れておりました。

“自从接受辅佐太子的遗诏以来，昼夜忧心。若臣力有所不足，未能尽辅佐之意，令先帝所托非人，恐损伤先帝的知人之明。”

ですから、五月瀘水を渡って南の不毛地に入りました。いま南方は平定し、武器も十分準備ができましたから、三軍を引連れて中原へ出発しこれを平らげ、駑鈍の私ではありますが、どうかして悪人どもを退治して漢のお家をふたたび興し、蜀の田舎から旧都へかえりたいと思っている次第でございます。これこそ私が先帝のご恩に報い奉り、また陛下に忠をつくします私の職分であります。

“正因如此，才在五月渡过泸水，深入南方的不毛之地。如今南方已经平定，武器也准备充足，应当尽快率三军出击，前去平定中原。我虽愚钝，但无论如何也要扫除奸贼，兴复汉室，从蜀地乡野回到旧都。这是我向先帝报恩、向陛下尽忠的职分。”

国家のためにならぬこと、国家のためになることをたがいに比較し、善き方をよく考え、自分の思う通りに誠をもって陛下に申し上げねばならぬ。これは内にあって陛下を輔佐したてまつる、郭攸之・費禕・董允三人の職責であります。どうか陛下、臣にはこれから賊（魏）を討ち滅ぼして漢の御世を再興する大事業の完遂をお命じのほどを願い上げます。万一にも臣の力足らずその効果が上がりませねば、それは臣の責任でございますから、どうか臣の罪をお調べ下されて、刑法をもって罰せられ、そのことを先帝の霊にご申告を願い上げます。また、内に残って陛下の左右にある三人にふゆきとどきの咎がありましたら、これを責めたまいて、職務怠慢を明らかに臣民にお示しなさることを願い上げます。

“为国何事不当为、何事当为，不断比较、思考尽善之策，将自己所思所想向陛下坦诚相言——这些是在内辅佐陛下的郭攸之、费祎、董允三人的职责。讨伐魏国、兴复汉室的大业，则希望陛下委任臣来完成。若臣能力不足，没有完成，那这是臣的责任，请按照刑法治臣之罪，以告慰先帝之灵。而若留在陛下左右的三人有所不周，那么是他们的责任，则应予以责备，将其怠慢职务之处向臣民公布。”

恐れながら陛下におかせられても、おん自らのおつとめとして、善道につき左右にお尋ねあり、彼らの正しき言葉をよくおわかりになってご採用なされ、かくして先帝より陛下へ昔賜わりましたご遺詔にお副い遊ばされますよう、お願い申し上げます。

“臣惶恐，陛下自身也应尽职寻访善道，咨询左右，充分理解后采纳正确的建议，遵循当年先帝所赐遗诏。”

臣も従来有がたき恩を受け、感激にたえぬ次第でございますが、これから出陣いたしますと、いつ帰還するかもわかりませぬ。今、この表を認めますのにも、いろいろのことを考えまして、覚えず涙が流れ、文のすじ道も立たぬようになった次第でございます。

“臣一直以来深受重恩，不胜感激。如今就要出征了，不知何时才能回来。现在面对这份上表，万千思绪，不觉流泪，行文条理亦不能明。”

孔明奉上这份表文，刘禅下诏勉励。对于此表，后世评价甚多，无不称赞。我认为它确实担得起这样的高度评价。常说文如其人，没有什么比《出师表》更能体现孔明的为人了。

三、出祁山

仲达之攻孟达

蜀军约六至七万众从成都出发，以孔明为主帅，有宿将赵云，以及邓芝、魏延、吴壹、向朗、杨仪等部将，乃至尹默、来敏等学者。另一边，留在成都直接辅佐刘禅，让孔明没有后顾之忧的则是蒋琬、张裔，二人共同处理丞相府的事务。此外还有费祎，他在孔明平定南方后屡次出使吴国，面对吴国只在口头敷衍的外交态度，亦冷静据理力争、寸步不让。孔明北伐之后，与吴国的关系变得尤为重要，而且其中还隐含着复杂的问题，费祎很好地完成了任务。这样一来，就可以全力对抗魏国了。

孔明从成都出发，取道汉中。从汉中穿过蜀道之险，离属于魏之领土的关中便只有一步之遥了。一进入汉中，孔明就在沔水以北的阳平关白马山（因山形似白马而得名）布置大本营。沿汉水而下，就能到达孔明年轻时候生活过的隆中，他就是在那里受刘备三顾之礼的，或许从前之事总会不时涌上心头。

此时，魏国派孟达进发上庸新城（湖北省房县）。孟达曾出仕于蜀，却拒绝救援关羽，而降于魏国。可当魏之曹丕去世，其他相熟之人亦相继去世后，孟达又开始考虑重回蜀国。这样飘忽不定的人很难令人信任。

孔明却决意利用这一点，在北伐之前就几度与之书信往返。有一次，孟达送来玉玦、织成的障扇（缝制而成的长柄扇子）以及苏合香（产于南海的植物香料），这是心已决(玦)、谋已成、事已合之意。

然而，镇于宛的仲达察觉到了孟达将要叛投蜀国。他回到魏都洛阳，得到了魏明帝的许可，可这不过是白白浪费时间，眼见已错失机会，他索性直接奔赴新城。此地位于现在的湖北、河南、陕西、四川四省交界处，能否拿下该城对今后的战局有着巨大影响。孔明想利用孟达占领这块土地，而仲达则相反，他想抓住孟达疑似谋反的机会保住此城。遗憾的是，这场竞赛以孔明的失败告终，仲达仅用八日就抵达了新城。应该归咎于孟达的疏忽，还是夸赞仲达的机敏呢？孟达失败的原因在于，他自信于仲达会经由洛阳赴新城。被仲达的动向打了个出其不意的不止孟达一个，吴、蜀两国也试图从沔水上下游牵制仲达，但都没有成功。因其品性如此，孟达最终遭孔明舍弃。孟达获斩，涉嫌与之同谋的申仪也被捕。

这场战争表面上是魏国的内乱，并非孔明与仲达直接交锋，可蜀国显然出师不利，被拖入不利的局势之中。但是真正的战争才刚刚开始，孔明也有挽回局势的手腕。

他的计划是先平定陇右（甘肃）地区，再进入关中。这倒是个可靠的办法。拿棒球举例子的话，就像先送出短打，再在次击球员击球时得分。可是，关羽、张飞去世之后，魏延之流都被誉为蜀国第一猛将，从这个角度来看不免力不从心，就像在棒球比赛中梦想靠一击长打直接得分翻盘一样。魏延想效仿刘邦（汉高祖）与韩信的故事，这二人同样是出汉中，兵分两路进军，最终夺取关中。

“守长安的夏侯楙是曹操的女婿，卑怯而无主见。如果借我精兵千人、辎重兵五千，直出褒中（陕西省褒城县[①]南），沿秦岭东进，越过子午道向北，不出十天就能到长安。夏侯楙听闻我来攻打，定会乘船逃走，如此一来，长安就只剩下御史、京兆太守等文官。若有横门米仓，再加上出逃农民所剩之米，军粮之事不成问题。魏国聚众反击怎么也要二十天，这个时间足够丞相越斜谷至长安。如此一来，丞相与我合军，定可一举平定关中。”

那么蜀国究竟会采取什么策略呢？在此之前，我们先看看魏国的动向。

听闻孔明北伐，魏明帝原本打算亲征。而孙资向明帝进言，援引曹操在汉中战败的事例，认为从地形上看，魏国不

① 1958年褒城县撤销，今属陕西省汉中市。

应主动出击，而应该坚决防守，等待对手疲敝。明帝接受了他的建议。

建兴六年（228年），孔明宣布从斜谷道攻郿（陕西省郿县[①]），命赵云、邓芝二将布阵箕谷（陕西省褒城县）。魏国派曹真抵挡此两人，这正中孔明之计，蜀军看似进发箕谷，实则将主力发向祁山。祁山在甘肃省南部的西和县，与四川、陕西两省相通，是个可以从背后袭击长安的军事交通要地。

四、街亭之战

孔明出祁山之后，南安（治今甘肃省陇西县）、天水（治今甘肃省天水市）、安定（治今宁夏回族自治区固原市）三郡皆叛魏，蜀国得以占领渭水上游，孔明正面出击的第一步战略成功了。天水郡的姜维在这时加入了蜀军的阵营，孔明去世之后，他就是蜀国的军事核心人物。

魏国的防守体系布置得如何呢？仲达镇守上庸地区，荆州北部至中原的通道也应无虞，但是箕谷与祁山方向的进攻尚须防备，还要注意蜀国之同盟吴国的动向。

起初，魏国认为刘备死后蜀国已无人才，证据是这数年间蜀国陷入了沉寂之中，局势没有任何变化。因此，面对孔明此番北伐，魏国也有些慌乱。但是明帝断言道：

① 1964年改称眉县，今属陕西省宝鸡市。

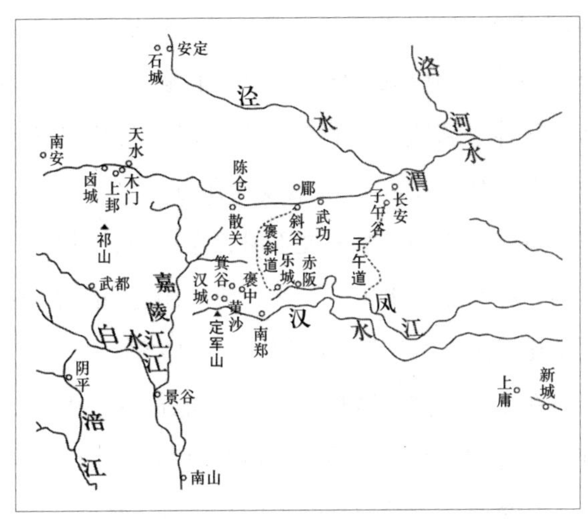

孔明北伐

“蜀地适合防守，出击不合兵法常理，孔明必然一击即溃。”

不仅如此，明帝还把原本在荆州与孙权部将刘阿对阵的名将张郃调往祁山，率兵五万，盖因看出吴之攻魏动作并不积极。从孔明给孙权的书信中也可以看出吴国的消极应战，孔明还是希望吴国可以积极行动起来：

“汉室不幸，曹贼蔓延。虽皆思剿灭曹氏，奈何同盟未效。今我大军集于祁山，魏将亡于渭水。望申同盟之义，同匡汉室！”

张郃从荆州转移后，向渭水上游进军，在街亭（甘肃省秦安县[1]东北）与蜀军先锋部队遭遇。此军之将领乃马谡。蜀军中原有推选魏延或吴壹任此位者，但是孔明力排众议任马谡为将，张休、高翔、王平等人受其节度。孔明对马谡的锋芒大为欣赏，但是刘备临终前曾劝告孔明：

“马谡总是言过其实，不能重用。这一点你要慎重。”

然而，孔明还是重用了马谡，让他在这场战争中担当重任。这是孔明在攻占上庸不成后的第二次失败。

孔明在出征之前告诫马谡：“绝不能在山上扎营。”马谡却无视这条建议，舍弃水边，选择上山扎营，且行动拘于小节，缺乏指挥官的素养。他率下的裨将军王平就此问题屡次劝谏，马谡却不听其意见。

张郃来打街亭，一见马谡在山上扎营，便决定从兵粮下手，截断了蜀军的水和粮草供给路线。这一战术立刻使马谡的军队陷入困顿，初一交战即败退。而与马谡一向交好的向朗对此瞒而不报，无异于给蜀军雪上加霜。

战败之际，最难做的是殿后之军。王平承担了这一任务，军鼓齐鸣，队伍井然有序地撤退，张郃疑有伏兵便未追击，蜀军这才得以成功撤军。与此同时，在箕谷的赵云、邓芝军队原是佯攻部队，因而当曹真大举进攻之时，局面亦不利，陷入了不得不撤退的窘境之中。幸而赵云身经百战，熟知如何应对战败，他先烧栈道，阻止敌军追击，然后集中所有兵

---

① 秦安县今属甘肃省天水市。

士和军需物资撤退，是以没有发生如街亭之乱。这也算是赵云的一点功劳。孔明想要将赵云军中所余之绢分给将士们，以犒劳其作战时，他回答道：

“既打了败仗，还要什么赏赐呢？把绢存入赤岸的仓库，到十月入冬时再赏赐给大家。”

五、斩马谡

街亭之战后，有人劝孔明：“如今魏国战胜，正松懈。我们应该再次出兵。”

诸葛亮如是回答：

“我方大军出祁山、箕谷，比贼军势众却不能取胜，反而战败。原因不在士兵多少，而在我一人。我打算减少军队数量，严明赏罚，思将来之道。不然的话，军队再多又有什么作用呢？从今往后，望忠心于国之人勤于指出我的不足之处，这样做的话，打倒贼人的夙愿才有望实现。”

如今最重要的是对战败问责的处理。街亭战败后，蜀国失去了好不容易到手的立足点，天水三郡又被收回魏国手中，这对蜀国来说是一大步倒退。马谡是直接责任人，他没有听从最高司令官孔明的命令，处罚在所难逃。孔明常说军令系统必须正，作战时要研究地形与战斗的关系。他有如下论述：

“军队有七禁：轻、慢、盗、欺、背、乱、误。这是治军的大忌。”

马谡触犯了数条禁忌。正因马谡是孔明欣赏之人，对他的处分尤其受人关注。

最终，下达了对他的处分："斩"，也就是死刑。

蜀国本就已人才匮乏，少了马谡更为不利，但为了肃正军纪，赏罚分明，这也是不得已的处置。

吾心如秤，不能为人作轻重。

这就是他的信念。孔明挥泪斩马谡，但因其重感情，仍给予马谡的遗眷和原来一样的待遇。

临行刑前，马谡在给孔明的信中写道：

"阁下待我如子，我视阁下如父。昔日鲧因治水失败被杀，其子禹治水成功而得舜逊位。若以平生厚谊善待遗族，我虽死亦无恨于黄壤。"

马谡被处死后，蒋琬从成都而来，他的意见是：

"从前楚、晋交战时，楚王杀了本国的勇者得臣，晋文公非常欢喜。如今战争胜负未分，便杀死智计之士，岂不可惜？"

孔明流泪答曰："若要引用典故的话，孙武之所以能胜，不正是因为用法严明吗？国内之法一乱，还怎么讨伐敌人呢？"

这是自年轻时起就研习法家的孔明的答复。

除马谡外，包庇的向朗遭免官，赵云也因箕谷战败而迁闲职。孔明自己亦向后主请求处罚：

“此次街亭、箕谷战败，主要责任在我。是我没有知人之明，在人事安排上犯了错误。《春秋》所谓‘责帅’，我正当此职。请将我降职三等，以示处罚。”

孔明被降为右将军，但不得不照常处理丞相的事务。蜀国没有可以代孔明为丞相之人。

孔明第一次北伐期间，其子瞻出生。在47岁时，他终于有了自己第一个亲生儿子。在此之前，孔明曾收兄长诸葛瑾次子乔为养子，而乔在建兴元年（223年）就已去世，年方二十五。

第十三章
五丈原

一、陈仓之围

街亭战败时值建兴六年（228年）正月，当年五月，吴便有所行动。吴将周鲂诈降于魏，诱敌将曹休出军，曹休明知中计仍举大军进攻，司马仲达、贾逵也前来呼应。吴由孙权亲征，以陆逊为大都督，率朱桓、全琮等人，集结六万大军。两军在皖（安徽省潜山市）东北的石亭交战，吴军大胜。良机已到。孔明判定关中因与吴作战而空虚，决意再度北征。

> 先帝虑汉、贼不两立，王业不偏安，故托臣以讨贼也。以先帝之明，量臣之才，故知臣伐贼才弱敌强也；然不伐贼，王业亦亡，惟坐待亡，孰与伐之？

这是《后出师表》的开头，孔明正是此时呈上表文的。

然而此文不见于《诸葛亮传》，仅见于张俨的《默记》，所以一般不认为是孔明本人的作品。

十二月，孔明的军队越过散关，包围了陈仓（陕西省宝鸡县东北[①]）。陈仓有守军千余人，守将为郝昭，兵力虽少，防守却很坚固。当年正月箕谷之战得胜时，魏国将领曹真认为，蜀军虽然败退，但不会善罢甘休，若再次攻来，目标一定会是陈仓，因而命郝昭筑城。诸葛亮果然来攻，但陈仓早已做好了万全的准备。

郝昭守陈仓城的时候，同郡的靳详从城外喊话："城中郝昭听着。孔明将军已经率兵数万围住了陈仓城，即刻开门投降。"

郝昭在城门上答道：

"魏国的军法你是知道的，我是什么样的人，你也清楚。我受魏国重恩而门户重。事到如今还有什么好说的呢？不过一死罢了。你回去告诉孔明，谢谢他的好意，只管放马过来吧！"

孔明再次交涉："以兵力而言，蜀军数万，贵军不过千余人，实在不是对手，这是白白送死。我再说一遍，还是投降吧。"

"之前已经说过了。如果再来废话，我就要放箭了。我认得你，箭可不认得你。"

① 今属陕西省宝鸡市。

交涉以失败告终。孔明心知此等城池必得一气攻下，然而魏国防守坚固，双方展开了激烈的攻防战。

孔明出动了突击部队，使用云梯（类似消防车的云梯，战士们从梯子的一头爬上城墙，周围蒙上牛皮防御敌人的箭矢）、冲车（马拉的战车，车辕前有用于破城的铁器）来破城。郝昭放火箭烧梯子，又在绳子一端系上石磨，从城墙上砸下来破坏冲车。孔明造百尺高的井阑（将木材按井字形搭起来的箭楼）向城中放箭，以土瓦填护城河，欲攻入城中，郝昭筑重桥①防守。孔明挖掘地道想冲入城中，郝昭反过来横向挖地道截断。就这样，双方的攻防战持续二十余天后，孔明解围离去。魏国听说陈仓被围，派遣了费耀，又从方城（河南省方城县）召回正在与吴作战的张郃，赴陈仓救援。吴、蜀的进攻并不默契，魏国只需防守一边即可，实在是万幸。反过来说，这是蜀国之不幸。

明帝在洛阳举行壮行会，会上问张郃：

“等你赶到，孔明会不会已经攻破陈仓了？”

“不会的。孔明深入魏国腹地，补给不足，无法长时间进攻，在我到达之前必然撤退。我估计孔明的粮食还够吃十天。”

果然，张郃夜以继日地行军，到达南郑之时，陈仓之围

---

①《三国志·魏书》卷三注引《魏略》曰：“亮……以土瓦填堑，欲直攀城，昭又于内筑重墙。”“重桥”应作“重墙”。

已解。郝昭在马上就要论功行赏时病逝，临终前给孩子留下遗言：

“我虽为将军，却知道将军不可为。我常掘墓，取棺木以造攻城之具，因此明白厚葬于死者无益。我死之后，一定要薄葬。人生在世，顺时即可，死又何惧？[①]墓葬风水之类的毫无意义，我的墓任在东西南北哪里都好，就由你决定吧。”

二、曹真入侵

建兴七年（229年）春，孔明再次从甘肃地区入手，首先派护军陈式至武都（甘肃省武都）—阴平（四川省平武县[②]）一带。这一地区为藏语群的氐、羌居住地，孔明想要拉拢他们。魏国这边则派出了郭淮。孔明亲自出马，进发建威（甘肃省武都东北），郭淮撤退，陇右遂为蜀控制。以此为契机，孔明恢复了丞相的职位。是年，老将赵云去世。

四月，孙权即皇帝位，改元黄龙，七月迁都建业。至此，天下正式三分。蜀国有人认为吴国态度不逊，应该与之断绝同盟关系。这种声音被孔明压了下去。孔明声明，为了倒魏，

---

① 原文为“且人生有处所耳，死复何在耶”，意为对死后世界的否定。

② 平武县今属四川省绵阳市。阴平应在更靠北的今甘肃省、四川省交界处，属甘肃省陇南市文县。

与吴国结盟是必要的。他派遣陈震到吴国表示祝贺，同时稳固同盟。孔明也给兄长瑾寄去一封书信：

“孝起（陈震的字）忠纯之性，老而益笃，是促成东西（吴蜀）和合的理想人物。”

陈震入吴之后不辱使命，协定了推翻魏国后的领土划分。

这一年十二月，丞相府迁到了南山（四川省南部）的下原，筑汉城（陕西省沔县[1]西南）、乐城（陕西省城固县东南）以备将来。

建兴八年（230年），孔明50岁。这时让他苦恼的是对李严的处理方式。李严这种人很常见，虽然与年轻时相较才能见长，却满腹牢骚。在李严看来，自己与孔明同受刘备遗诏，之后的待遇却天差地别。是年，孔明任命李严为骠骑将军，负责补充军需和兵力，同时以杨仪为长史、绥军将军，依旧负责物资补给。在之前的陈仓之战中，无须张郃指出，孔明也已深刻感受到了补给线方面的欠缺。但对李严来说，这不过是个浪费自己才能的无聊职务。

魏国也有类似的情况。从227年开始，每年春天蜀国都会出兵，230年因整顿内政没有发动进攻，于是魏国反向蜀国出兵。明知蜀地易守难攻，魏国自然也有很多人反对。主张发动进攻的是曹真，他是曹操的远房亲戚，自幼成为孤儿，曹操将他视如己出，也与文帝相友善。文帝年轻时与其打猎遇

① 今作“勉县”，属陕西省汉中市。

老虎追赶，当时曹真回马一箭射倒老虎，勇猛无比。因此，文帝将后事托付给他和陈群、仲达。曹真认为：

“蜀国频频犯境。不如出击伐蜀，兵分几路进攻，一定能大胜。”

陈群制止道：“太祖（曹操）曾在阳平攻张鲁，当时苦于缺少军粮，如今也是一样。蜀道艰险，难以进退，运粮必会为敌所劫，损害兵力物力，请三思啊！”

明帝虽然一开始比较认同陈群的看法，但最终还是采纳了曹真的强势意见。

魏国由曹真出斜谷道，张郃出子午谷，而仲达从对吴的战线上回撤到汉水，几条线分别向汉中进攻。孔明得到战报后，决定在乐城、赤阪（陕西省洋县东）等待魏军，又命李严率两万大军救援汉中。由于担心他不愿离开江州，还命其子李丰为江州都督。尽管如此，李严还是没有听从孔明的命令。

碰巧，这一年秋雨连绵，河水暴涨，栈道无法通行。魏国内部有华歆、王肃等人主张终止南征，最终下令命曹真撤军。曹真被迫率军返回中原，因其意见不被采用，深以为耻，终致染病去世。

这一年，魏延在阳溪破魏将郭淮。

三、与仲达的对战

孔明从建兴八年（230年）年末开始筹备，到次年二月出击祁山。李严虽在曹真入侵之际不听从命令，因这次来到汉中，还是得到了镇守汉中的任务。据说，孔明认为此前数次交战均以失败告终的原因是物资补给不顺，于是发明了运输工具木牛流马。

这时候，鲜卑的轲比能也在石城（宁夏回族自治区固原市西北）响应孔明。魏国因曹真患病，除仲达之外已无可担当主力者。仲达让费耀、戴凌二将守上邽（甘肃省天水市西南），率张郃、郭淮等人，举全军救祁山。就这样，孔明和仲达开始正面交锋。孔明命王平对阵张郃，自己则击退郭淮。仲达向上邽回撤，孔明继续追击，又胜费耀。正值麦秋，孔明将上邽的麦子尽数割走。眼看着本国的麦子被收走，仲达却不为所动。这是孔明在故意诱敌出击。仲达进军到卤城（甘肃省天水市区与甘谷县之间）就停了下来，张郃对此急得抓耳挠腮，不得不说道：

“公畏蜀如虎，这是在干什么呢？这样会贻笑天下的。”①

---

①《三国志·蜀书》卷五注引《汉晋春秋》曰：“既至，又登山掘营，不肯战。贾栩、魏平数请战，因曰：‘公畏蜀如虎，奈天下笑何！’”

仲达无奈，让张郃追击蜀军的一支队伍，自己从中部向孔明的军队迫近。这正中孔明下怀，大胜魏军，收缴了大量战利品。然而，雨季终于还是来了，蜀军因军粮无以为继而撤退。仲达听说后，命令张郃追击。张郃劝说仲达，此时追击不合兵法，但是他的意见没有被采纳，只得率军出征，最终在木门（甘肃省天水市西南）遇伏兵，右膝中箭战死。

就这样，蜀军三次都因为粮食补给问题被迫撤军。回到汉中后，孔明发现是李平（是年李严改名为平）的不合作造成的。他对孔明说是因“后主有令，粮食不足，命还军”才召回军队，孔明回去后故作大惊：“军粮明明如此充足，为何要撤军?”

李平将自己的过错推给部下岑述，向后主报告说“军队假装撤退是为了诱敌”，狡辩称并非粮食补给的问题。这种毫无诚意的态度令孔明大怒。

人之忠也，犹鱼之有渊。鱼失水则死，人失忠则凶。故良将守之，志立而名扬。

这是孔明的信条之一。

孔明以证据俱在，责问李平，李平不得不认罪。孔明即刻上书李平罪状：

“先帝去世之后，李平总是算计自己的利益，以自身为重，毫无忧国之心。北伐之时，曾让他镇守汉中，他顾左右而言他，不肯答应，还要以五郡为巴州，自任巴州刺史。去年准备西征之时，想以他都督汉中地区，他却说司马懿（仲达）已经开府。我知道他内心卑下，想借机求私利，因此以其子李丰为江州都督。我以为优待他们一家的话，他应该能暂时帮得上忙。人们都不理解我为何要如此厚待李平，这都是因为大事未成，不得不回护他的缺点。尽管这样，李平仍然唯利是图。我实在是不知，此人心思竟已颠倒到这样的地步。”

不久，李平被免为庶人，流放梓潼。然而李丰只是被训诫：“李氏的将来就取决于你的功绩。”

李平仍希冀孔明能再救自己一次，后来他在听闻孔明的死讯时叹道：

“此后再也没人能救我了。”

就这样，第三次北伐失败了。建兴十年（232年）与次年，蜀国休养生息，同时继续准备接下来的北伐。孔明与士休息，在黄沙（陕西省沔县）劝农，在景谷（四川省昭化）的白马山制作运输用的木牛流马，教练兵士。233年冬，在斜谷建了仓库运米之后，军需准备就大体结束了。

然而这个时候，魏延与刘琰的不和已经到了无法调和的地步。魏延是蜀国当时最勇武的人才，但是此人缺乏协作精神，树敌太多。在魏延看来，连孔明也是难以忍受的怯懦之人，更没办法的是他尤其与车骑将军刘琰、绥军将军杨仪交恶。这两人中，孔明很欣赏杨仪在军粮后勤上的才能，虽惜其与魏延不和，但还许他留在军中，而刘琰有时醉酒迷乱，孔明便令他回了成都。

这样一来，原本就缺少人才的蜀军又失去一人。人才少、内讧多是蜀国的一大缺陷。孔明隆中时的友人徐庶和石韬出仕魏国后，仅至御史中丞和典农校尉，孔明听说后叹道：“魏国人才很多吗？以这两人的才华都未得重用。”

这是感慨二人怀才不遇，也是叹息蜀国人才匮乏。

四、五丈原

经过两年的准备，建兴十二年（234年）二月，孔明开始了第四次北征。兵力十万，出斜谷，以流马运送粮食，向渭水南岸的武功（陕西省郿县东四十里）进发。

魏国任命司马仲达为主帅。诸将主张在渭水北岸列阵以待孔明，但仲达不赞同此策略，魏军还是渡过河，在渭水南岸布阵。仲达对诸将们说：

“诸葛亮若为勇者，就该出武功然后沿着山向东。若他向西上五丈原，我军就安全了。”

东进则意味着速战，西向则是持久战。孔明最终会选择向东还是向西，速战还是持久战呢？

孔明的军队掉头向西而去。他避开收益高但风险也高的速战，选择了五丈原（陕西省郿县西）作为阵地，这是太白山山麓水流冲击而成的一片丘陵地带。孔明下令在此地屯田，以做到粮食自给。

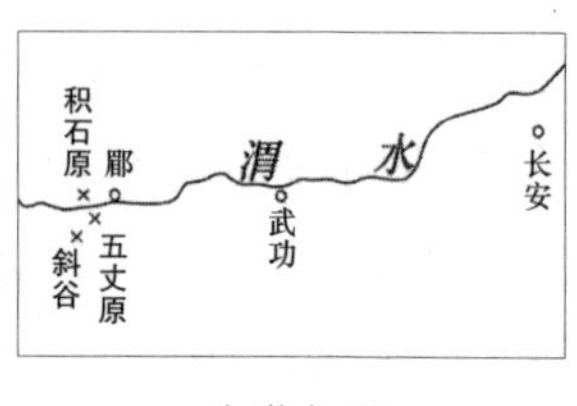

孔明之死

三月，东汉最后的皇帝献帝病逝。这位与孔明同年的皇帝去世，仿佛暗示了为汉室复兴奉献半生的孔明的命运。

明帝向仲达下令打持久战：

“避其锋芒坚守，这样敌军进退两难，就会自己陷入困境。长期下去，粮食不足，则必然撤退。”

仲达显然也是这样打算的，他想在战争陷入胶着之前打探孔明的想法，于是派郭淮、周当出击。两军在积石原（陕西省郿县西）发生冲突，魏军获胜。就这样爆发了一些小规模冲突，但两军一直对峙，没有交战。

在第四次出征之际，孔明给兄长瑾和吴将步骘写了信：

“吾子瞻如今终于8岁了，聪明可爱。我担心他早熟，将来反而不成大器。”

他在《诫子书》（意为劝勉孩子）中也写到，要养成宁静淡泊的性情，立志向学，戒骄戒躁。①此外他还有《诫外生（姊妹之子）书》。孔明的外甥是庞山民之子庞涣，一说这封

① 《诫子书》：“夫君子之行，静以修身，俭以养德，非淡泊无以明志，非宁静无以致远。夫学须静也，才须学也，非学无以广才，非志无以成学。淫慢则不能励精，险躁则不能治性。年与时驰，意与日去，遂成枯落，多不接世，悲守穷庐，将复何及！”

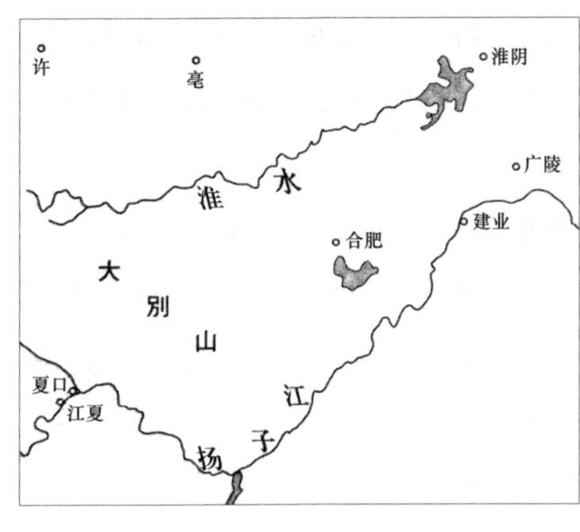

234年，魏、吴对阵

信也是写给其子瞻的。这篇文章中说要志存高远，过没有遗憾的生活。[①]此外还说："酒可以喝，但要合礼，不能至乱。"[②]

回到孔明给步骘的信，其中说明了战争的情况：

"武功东十余里的马冢是目前的进攻目标，但此地在高处，无从下手，只能停下来。"

五月，同盟吴国发动军队，攻打合肥新城，东西策应讨伐魏国。吴蜀同盟头一次有了实质性行动。吴国派陆逊向江夏，诸葛瑾向夏口，孙韶向广陵（江苏省江都），张承向淮阳

① 《诫外生书》："夫志当存高远，慕先贤，绝情欲，弃疑滞，使庶几之志，揭然有所存，恻然有所感；忍屈伸，去细碎，广咨问，除嫌吝，虽有淹留，何损于美趣，何患于不济！若志不强毅，意不慷慨，徒碌碌滞于俗，默默束于情，永窜伏于凡庸，不免于下流矣！"

② 《又诫子书》："夫酒之设，合礼致情，适体归性，礼终而退，此和之至也。主意未殚，宾有余倦，可以至醉，无致迷乱。"

（河南省淮阳县）[1]进发，孙权自己也率兵出击。孙权认为：“如今诸葛亮（孔明）在武功与魏交战，明帝不会亲自来这里。”

然而，魏国守将满宠能征善战，七月明帝更是亲御龙舟出征。在这种气魄之下，虽然局部战场有陆逊的小胜，吴军还是败退了。此时，魏国群臣劝明帝：“大将军司马懿与诸葛亮尚在武功对峙，不如乘胜行幸长安。”

对此，明帝的回答很简单：

“孙权既已逃走，诸葛亮也会胆破。大将军仲达一定能战胜，朕不担心。”

事实上，同盟的吴国仅仅两个多月就被击溃了，孔明相当气馁。再加上长时间战争带来的疲惫，孔明病倒了。

孔明想趁自己身体还好时破魏，屡次向仲达邀战，但仲达固守不出。

在战场上时，孔明在部队前乘着白木舆，头戴葛巾，手持军扇指挥三军。仲达见了叹息道：

诸葛君，可谓名士矣。

有一次，孔明给仲达送去巾帼（女性戴的面纱）和妇人的衣服。这是说仲达完全不应战的态度，就跟足不出户的千

---

① “淮阳”应为“淮阴”，在今江苏省淮安市。

金小姐一样。这果然惹恼了仲达，他向明帝上书请求出战。对此，魏国朝廷特意派出辛毗制止他。

姜维说道："辛毗到仲达阵中就意味着敌军不会应战了。"

孔明回答说：

"这一点我早就知道了。他本就全无出战之意，向明帝请战不过是对众人做姿态。所谓'将在军，君命有所不受'，他如果真想与我们交战，又何必向中央请示呢？"

五、丞相病笃

孔明身体本就谈不上强健，再加上长期身处对阵中，肉体和精神的双重疲劳之下，终致吐血倒下。此后，孔明病情日渐加重。

蜀军曾有使者到仲达阵中，仲达当时问道："孔明一般几点起，几点睡？工作量如何，饭量如何？"

使者认为不是什么机密，回答说："诸葛侯夙兴夜寐。鞭二十以上的刑罚一定会亲自裁决，饭量一天三至四升（一升大约是日本的一合）。"

使者回去后，仲达断定：

"孔明没多少日子了。"

顶梁柱孔明病倒，蜀军失去了光明。土井晚翠[①]有这样的诗歌：

祁山风劲肃秋酣，暗淡阵云五丈原。
零露清兮纹彩密，固是草枯骢马肥。
蜀军旗帜黯无光，鼓角之声今寂微。

可怜丞相病危笃！（《星落秋风五丈原》）[②]

刘禅立刻派人去探病，被选中的是李福，他问候了孔明的病情，又询问对国政的意见。孔明逐一作详细指示后，送其回成都。然而，李福在回去的路上发现自己仍有未尽之问，又折返回五丈原的阵中。他来到孔明枕边。

“我知道您一定会回来。前几天我们虽然整日都在谈话，但还有没说完的事，所以我想你一定会回来再问一次。我就在你问之前先回答了吧，就是公琰（蒋琬）

① 土井晚翠（1871—1952），日本近代著名诗人。他的诗歌《荒城之月》经由泷廉太郎谱曲，成为日本流传甚广的歌曲。《星落秋风五丈原》是一首基于三国故事创作的叙事长诗，也是土井晚翠的代表作，很好地体现了他擅长融合汉诗的特点。

② 中译文引自[日]松浦友久著，加藤阿幸、金中译：《诗歌三国志》，西安：西安交通大学出版社，2005年版，第161页。

了。"

"非常抱歉，我确实是一时疏忽，忘了问这件事，万一阁下去世，此后谁能担当大任。"

"……"

"那么蒋琬之后谁又可以继任呢?"

"文伟（费祎）可继之。"

"再之后又是谁呢?"

"……"

那之后的事，孔明已无法回答了。

孔明一旦去世，北伐就会中止。那时又该如何巧妙撤退，这是孔明苦恼的问题，绝不能让魏国趁虚而入。他喊来杨仪、费祎、姜维召开会议，魏延没有受召。

最终的决定是由魏延殿后，姜维紧随，行于其前。这是根据魏延平时的行动所定的苦心之计。总是反对孔明慎重策略的人正是魏延，而且他又与杨仪水火不容。因此，按孔明的计划实际上殿后的是姜维，如果魏延一起回来自然最好，如果他不同意撤军的话，就由着他去讨伐魏军好了。这一想法，孔明也对费祎等人说清楚了。

六、巨星陨落

建兴十二年（234年）八月末，孔明在军中去世。享年54

岁。

孔明去世时，“有星赤而芒角，自东北西南流，投于亮营，三投再还”。按照星占的说法，流星落下是战败的征兆。

孔明死后，蜀军按照早就定好的计划撤退了。

蜀军秘不发丧，但看到蜀军突然向南，附近的居民到魏军中带话：

“蜀国好像起了什么异变。”

仲达马上派兵追击。但见杨仪的军旗飞扬，战鼓齐鸣，这种严阵以待之势让魏军认为可能有诈，便停了下来。趁着这个间隙，杨仪整顿队伍，成功撤离。

几日后，仲达见到了孔明留下的阵地，仔细观察了孔明的布阵，又获大量文件、账簿及军粮后归来。至此，仲达才确认孔明已死。

天下奇才也。

这是仲达对孔明的评价。辛毗对孔明是否当真已死尚存疑虑，仲达解释说：

“对军人来说，最重要的就是军事机密文件、作战书和军粮，这就相当于人的五脏。孔明把这些东西都丢下了，丢掉五脏的人还能活吗?”

附近的人见仲达懦弱，纷纷议论说：“死诸葛吓走活仲达。”仲达听闻后苦笑回答：

吾能料生，不便料死也。

这个故事是根据仲达和辛毗两个人采取的态度而作的孔明传说之一，对仲达来说不算什么好事。

孔明的遗骸按其遗言安葬于定军山（陕西省沔县东南），由于已决定以整座山为其坟墓，所以并未修墓冢。孔明生前简朴，死后也希望薄葬，他曾对刘禅说：

“我在成都有桑八百株，薄田十五顷，足够一族衣食。我在外征战，没有什么特别需要的东西，随身的衣食也由官家供给。我不想谋私利，不愿我死时家尚有余财，做这样背弃陛下的事情。”

给李严的信中也说：

吾受赐八十万斛，今蓄财无余，妾无副服。

定军山是刘备大破夏侯渊之地，此处后来也有孔明庙。竹添井井①在明治九年（1876年）六月十七日路过此地时写道：

---

① 竹添井井（1842—1917），日本明治时代汉学家，名竹添进一郎，号井井，曾任日本驻天津领事等职，驻华期间游览中国，用中文写成《栈云峡雨日记并诗草》。后为东京大学教授，著有《左氏会笺》（与其弟子著名汉学家岛田翰共著）、《论语会笺》等。

> 发褒城，抵黄沙镇。《水经注》云，镇，武侯所开，或曰侯制木牛流马于此。过旧州铺，抵何家营。沔水自营南过，隔水一山为定军。轿夫忽呼曰：“武侯墓、武侯墓。”盖墓在山腹荟蔚间。未至沔城五里，侯庙在焉。古柏数十株，四面垂翠，与画檐朱栋相掩映。庙中安侯塑像，葛巾羽扇，严然仪型，不觉改容。像旁有石琴，长一尺六寸而赢，径一尺，崇杀径之八而又微赢。上刻“章武元年”四字，古翠可爱，叩之清越，相传为侯所爱抚。

孔明也是喜欢弹琴与书画之人。

成都的昭烈帝惠陵旁也有孔明庙。1955年到访中国的桑原武夫[1]记载道：

> 不久就到了蜀国昭烈皇帝陵。从卑贱的织席人到三分天下的王者，我在这位英雄墓前施一礼离去。昏暗的

---

① 桑原武夫（1904—1988），京都大学名誉教授，日本文化学者、评论家，译介了大量法国文学作品，也有许多日本、中国文学相关的研究著作。其父是著名汉学家桑原骘藏。桑原武夫提倡“世界文学”和广义的人文教育，是日本战后知识分子的代表，也为战后中日友好交流做出贡献。桑原武夫多次访华，引文出自其1955年访华写成的《四川纪行》（收入《桑原武夫集》第四卷，东京：岩波书店，1980年版）。

> 小路两侧竹林繁茂，让人想起京都郊外的寺院，从古朴的红土墙间穿过，武侯祠到了。
>
> “丞相祠堂何处寻，锦官城外柏森森。映阶碧草自春色，隔叶黄鹂空好音”，正如杜诗所吟，此处巨树亭亭耸立。正殿中间是孔明像，其左右是蜀国亡国之际，与魏军奋战的孔明之子瞻及孙尚之像……堂边是闲寂的池塘，池畔有一个小小的二层茅草亭。这当然不是三国时代的建筑，但据说这是刘备死后，孔明一个人在亭子里弹琴排解的遗迹。正殿前的建筑里，中间是玄德（刘备），左右是关羽、张飞，三杰之像均有子孙侍像。而在其左右前方，廊下背对厅堂的左侧是庞统、法正、蒋琬等蜀国文臣，右侧一排依次是赵云、黄忠、马超等十二武将。[①]

蜀国灭亡之际，孔明之子瞻37岁，其子尚仍然年幼，父子均与魏军战死。瞻的次子京在晋代官至广州刺史。

七、孔明死后的蜀汉

由于孔明的遗计和仲达的慎重，蜀军没有遭到什么追击就撤回了南方。在归还途中，正如孔明担心的那样，杨仪与魏延的不和公开化，终致魏延为杨仪所杀。

孔明去世后，杨仪让费祎去试探魏延的意思，果不其然，

---

① 实际上应为十四人。

魏延盛气凌人道：

“丞相虽死，但我不是还在吗？文官好好守着丞相的尸体回去吧，我自会率军讨贼。怎能因为失去一人而放弃天下呢？这是不把我魏延放在眼里。我凭什么要被杨仪指挥，为他殿后？费祎，我们商量一下如何作战吧。”

就这样，魏延下令作战，想与费祎联署向部下颁布作战命令。费祎心想，这样一来的话孔明的苦心就将成为泡影，于是骗魏延说：

“为将来计，还是要让杨长史（杨仪）知道此事。长史是文官，不懂战争，他一定会听你的命令的。”

费祎骑马出发后，魏延立刻反悔了，派人去追却已无济于事。蜀军已经确定要南撤了，魏延亲自率人伏击杨仪的军队，同时向刘禅报告称：

“杨仪谋反。”

杨仪也报告称：

“魏延谋反。”

二人信使不绝，互相说对方的坏话，忍无可忍的刘禅找来蒋琬和董允：“这两个人谁说的是真的？”

二人异口同声回答：

“杨仪说的是真的。”

消息传到北方，魏延的部下也逐渐离开了，他和几个儿子逃至汉中，在那里被杨仪部下马岱斩杀，走向了破灭。

就这样，蜀国在孔明死后不久又失去了猛将魏延。而魏延的对头杨仪有意为孔明之后继者，得知孔明的遗言选了蒋琬后愤愤不平，不久退居二线。人才匮乏的蜀国又频繁内斗，以致自我崩溃。蒋琬、董允、费祎等人在250年前后相继去世，宦官黄皓把持政治，国力衰退，最终在炎兴元年（263年）为魏国所灭。而魏国也在265年被仲达之孙司马炎（晋武帝）夺取国祚，是为晋。吴在280年（晋咸宁六年，吴天纪四年）为晋所灭。

就这样，中国似乎又恢复了统一政权。然而，比上个世纪更为严重的分裂趋势已经无法遏制，八王之乱爆发。八王以异族为佣兵，将之引入国内，不久，出身匈奴的刘渊夺取了政权。同时，司马氏一族受汉族贵族拥立，在长江流域复兴王朝，中国进入了南北分裂的时代。

后记

本书的主人公诸葛孔明的事迹因《三国志》[①]而为读者所熟知。刘备、关羽、张飞、曹操、司马仲达、孙权、周瑜、鲁肃等众多英雄豪杰在这部著作中悉数登场，驰骋纵横。然而，叫作“三国志”的书其实有两部。一种全称为《三国志通俗演义》，为元末（14世纪）罗贯中所著，至今仍拥有大量读者。日本元禄二年（1689年），湖南文山将其翻译为《通俗三国志》。日本读者对孔明等众多英雄的印象，大多就是由这部书的描绘得来的。我虽然没有做详细的比勘，但吉川英治的《三国志》大体上应该也是基于《演义》一书。[②]

而《三国志演义》的先驱，有元至治年间（1321—1323）

---

① 原文作“三国志”的平假名“さんごくし”，中文语境中的《三国演义》在日本同样被称作《三国志》，此取双关之意。

②吉川英治，日本通俗小说家，1939—1943年在《中外商业新报》上连载历史小说《三国志》，后来也发行了多版单行本，成为畅销小说。

刊刻的《全相三国志平话》，再往前追溯还有唐代的讲释，这些都是基于2—3世纪的历史事实而产生的历史文学作品。这些历史事实则写在另一部《三国志》中。这部书在中国属于基本性权威史书——正史（二十四史）之一，而且在正史中也属于优秀作品，作者是晋代的陈寿，南北朝的学者裴松之为其加注。裴松之引用的许多著作如今都已散佚，仅存于他的注释中，有些内容介于历史事实和历史小说之间。拙文引用的刘备与孔明相见的异说就是其中一例。

本书依据陈寿《三国志》中的《诸葛亮传》展开叙述，这是目前所能看到的最准确的孔明传记，因此也最为有趣。然而，我也仍然无法摆脱《三国志演义》的影响。

本书还多次引用了前人的纪行文字，希望有朝一日能来中国旅行，以自己的眼睛亲自看看。

最后列出的是明治以后日本刊行的孔明传记，以及一些学术论文：

内藤虎次郎《诸葛武侯》（明治三十年）（1897年）

杉浦重刚、猪狩又藏《诸葛亮》（大正二年）（1913年）

宫川尚志《诸葛孔明》（昭和十五年）（1940年）

植村清二《诸葛孔明》（昭和三十九年）（1964年）

桑原骘藏《孔子与孔明》（收入《东洋史说苑》）

川胜义雄《曹操军团的构成》(京都大学人文科学研究所创立二十五周年纪念论文集)

宫川尚志《三国吴的政治与制度》(《史林》三十八卷一号)

拙稿《蜀汉政权的构造》(《史林》四十二卷四号)

文库版后记

我的《诸葛孔明》由人物往来社出版以来已经37年了。当时关于诸葛亮的著作，我都列在卷末，然而这37年间又出版了大量的研究著作和传记。在中林史朗、渡边义浩的《三国志研究要览》（新人物往来社，1996年）中有详细介绍。

读过这些作品后，似乎应该对本书做一些修订，但我也只是订正了若干错误。这毕竟是我距离不惑还有些年岁的年轻时代写下的作品，虽然有些不好意思，但我还是很想把它保留下来。

这本书以诸葛孔明的传记为中心，对孔明死后的三国时代，以及为这个时代增色不少的战争的具体过程没有花多少篇幅。关于孔明死后三国时代的走向，有拙著《〈三国志〉的世界——孔明与仲达》（清水书院，人与历史系列，1971年）。关于后者，《三国时代的战乱》（新人物往来社，1991年）中有官渡之战、赤壁之战、麦城之战（关羽之死）、夷陵之战、五丈原之战的介绍。如有资参考，则是我的荣幸。此外，《〈三国志〉的智慧》（讲谈社现代新书，1985年）则是一本简单的概说书。

我1979年第一次来到中国，距离《诸葛孔明》初次出版已经过了13年。此后，我又得以拜访了几处与诸葛亮有关的地方。一早从重庆坐船出发，花两天一夜顺三峡而下，一直坐到宜城。[①]去参加成都武侯祠举办的“三国与诸葛亮国际研讨会”时参观了都江堰，接下来是三天两夜的广元短途旅行（去程巴士，回程火车）。从洛阳坐夜车，早上到达襄樊，乘巴士去隆中。去参加在汉中举行的《三国演义》学术讨论会，又从汉中坐巴士去参观了栈道和定军山山麓的孔明墓。还有从关西机场飞到北京后，立刻乘巴士去参观黄昏时的涿县[②]街景，然后继续一路南下，途经中山靖王墓、官渡之战的古战场，最后抵达许昌。这些回忆像走马灯一样浮现在我的心头。

不过，若要说最喜欢的地方，那还是连接成都的武侯祠与刘备墓之间的一条隐蔽小路。它让我想起还没有庸俗化的京都嵯峨野的落柿舍到野宫，或者是东山山麓的法然院附近（所谓的哲学之道）。我已近20年没有去过成都，但愿那条路没有庸俗化。我也不禁思考，如果诸葛亮还在，看到这样宏大的武侯祠和朴素的惠陵，会作何感想呢？

我在第七章提到，蚕丛、鱼凫都是该地传说中的王名，

---

① “宜城”疑为“宜昌”之误。

② 今涿州市。

而从最近四川省广汉市发掘的三星堆遗迹可见，公元前一千年左右这一地区就有了不起的高水平文明，看来不能仅仅将其视为传说了，这一点需要补充说明。

另一方面，三峡大坝的建成，彻底改变了孔明、刘备多次造访过的三峡风景。建设三峡大坝是中国现代化的必要之事，但我还是不得不感到一丝寂寥。

我第一次和诸葛孔明产生联系，是在东京读中学三年级时。现代读者应该很难理解所谓的“劳动动员”[①]了，当时学校不上课，学生都在工厂进行军事生产劳动。在京都的祖父直喜总让我在动员的闲暇读书，把三顾茅庐、天下三分之计以及《出师表》摘抄下来，附上解说寄给我。可能是因为我给他写信说，在动员开始之前，我在中学的汉文课程中学到了这部分的缘故吧。从那时算起，我与孔明的缘分也有近六十年了，而我自己也快到了祖父当年的年纪。真没想到会写出这样一本书。本书的《出师表》训读文部分，就使用了当年祖父写给我的原文。

最后，列举一下在《三国志研究要览》刊行之后以孔明为主题的著作。

---

① 日本在二战期间面对初中及以上学生实行的政策，以“实践性精神教育”为旗号，起初是在课业时间之外进行的简单工作，1941年以后变成了废除授课的强制性劳动。

渡边义浩《诸葛亮孔明——其虚像与实像》(新人物往来社，1998年)

此外还有并非研究著作的一部以孔明为主题的文学作品：

陈舜臣《诸葛孔明》(上、下)(中央公论社，1991年)

本书的成书有赖于PHP研究所文库出版部的根本骑兄的帮助，在此致以感谢。

平成十五年（2003年）二月十一日

狩野直祯

诸葛孔明关系年表

公元纪年	东汉年号	诸葛孔明年谱	年龄	一般事项
166	桓帝延熹九年			党锢之狱
167	永康元年			桓帝崩
174	灵帝熹平三年	兄诸葛瑾出生		
175	熹平四年			始立熹平石经
178	光和元年			开西邸卖官
181	光和四年	孔明出生	1	皇子协(后来的汉献帝)出生
184	中平元年		4	二月,爆发黄巾之乱 三月,党锢之禁解除 八月,斩皇甫嵩、张角
185	中元二年		5	六月,宦官张让等十三人为列侯
188	中元五年		8	改刺史为州牧,刘焉为益州牧
189	中平六年	生母章氏去世	9	四月,灵帝崩;弘农王辩即位 八月,何进被杀 袁绍灭宦官 九月,董卓废弘农王,立献帝
190	献帝初平元年		10	正月,袁绍等起兵讨伐董卓 三月,董卓迁都长安 是年,刘表为荆州牧 刘备投奔公孙瓒

续表

公元纪年	东汉年号	诸葛孔明年谱	年龄	一般事项
191	初平二年		11	二月，孙坚入洛阳 十月，刘备为平原相 益州爆发任岐、贾龙之乱
192	初平三年	父诸葛珪去世	12	一月，孙坚被黄祖所杀 四月，董卓被吕布所杀
193	初平四年		13	秋，曹操与陶谦交战，刘备支援陶谦
194	兴平元年	兄长与继母赴江东；孔明与弟诸葛均往依叔父诸葛玄	14	刘焉去世，其子刘璋为益州牧 陶谦去世，刘备为徐州牧
195	兴平二年	诸葛玄为豫章太守，赴任南昌，被朱皓攻打	15	董卓的部将李傕、郭汜等人进犯长安
196	建安元年		16	献帝逃出长安，曹操迎献帝于许地，任司空、大将军 吕布袭刘备于下邳，刘备往依曹操
197	建安二年	诸葛玄被杀，孔明居于隆中	17	袁术自称天子
198	建安三年	与徐庶、石韬游学 作《梁父吟》	18	曹操杀吕布 刘表定荆州八郡
199	建安四年		19	公孙瓒、袁术去世 刘备欲杀曹操，事泄，逃往徐州起兵

续表

公元纪年	东汉年号	诸葛孔明年谱	年龄	一般事项
200	建安五年	兄诸葛瑾出仕孙权	20	孙策去世,孙权继任 十月,官渡之战
201	建安六年		21	九月,刘备投奔荆州牧刘表
202	建安七年		22	五月,袁绍去世,其子袁谭继任 战于叶[①]
203	建安八年		23	战于西平[②]
204	建安九年		24	曹操破袁尚,为冀州牧,入邺城
205	建安十年		25	曹操杀袁谭,领冀、青、幽、并四州
206	建安十一年		26	刘备破夏侯惇、于禁等
207	建安十二年	刘备三顾茅庐 孔明说天下三分之计	27	曹操破乌桓,袁尚去世 刘禅出生

①交战双方是刘备与夏侯惇。《三国志·魏书·李典传》:"刘表使刘备北侵,至叶,太祖(曹操)遣典从夏侯惇拒之。备一旦烧屯去,惇率诸军追击之。"

②《三国志·魏书·武帝纪》:"〔建安八年〕八月,公征刘表,军西平。公之去邺而南也,谭、尚争冀州,谭为尚所败,走保平原。尚攻之急,谭遣辛毗乞降请救。诸将皆疑,荀攸劝公许之,公乃引军还。"应在西平驻扎,未交战。

续表

公元纪年	东汉年号	诸葛孔明年谱	年龄	一般事项
208	建安十三年	赴吴地与孙权结盟	28	六月，曹操为丞相 七月，曹操出征荆州 八月，刘表去世，其子刘琮继任 九月，刘琮降曹 同月，当阳长坂坡之战 十月，赤壁之战
209	建安十四年	任军师中郎将，移镇临蒸	29	刘备为荆州牧，治公安
210	建安十五年		30	孙权与刘备争夺荆州
211	建安十六年	刘备入蜀，继续留守荆州	31	刘备为刘璋迎入蜀地
212	建安十七年		32	孙权治建业 十月，曹操攻孙权 十二月，刘备举兵进据涪
213	建安十八年		33	四月，曹操为魏公 刘备围雒城；庞统去世
214	建安十九年	与张飞、赵云等一同入蜀 五月，为军师将军，署左将军、大司马府事	34	五月，刘备受刘璋降，入主成都
215	建安二十年		35	孙权命吕蒙袭关羽 刘备与孙权分荆州 七月，曹操受张鲁降

续表

公元纪年	东汉年号	诸葛孔明年谱	年龄	一般事项
216	建安二十一年		36	五月，曹操为魏王 刘备与曹操争夺汉中
217	建安二十二年		37	孙权投降曹操 鲁肃去世，吕蒙继任
218	建安二十三年		38	刘备进军汉中
219	建安二十四年		39	五月，刘备破夏侯渊，平定汉中 七月，刘备为汉中王 八月，关羽围曹仁于樊城 十月，孙权与魏结盟，命吕蒙袭关羽；关羽战死 孟达奔魏
220	建安二十五年 魏文帝黄初元年		40	正月，曹操去世，其子曹丕继位 十月，曹丕受献帝禅让 黄忠、法正去世
221	蜀章武元年 魏黄初二年	四月，为丞相；七月，兼司隶校尉	41	四月，刘备称帝 七月，张飞被暗杀
222	蜀章武二年 魏黄初三年 吴黄武元年	十月，营南北郊于成都	42	二月，刘备为报关羽之仇出兵 六月，刘备在夷陵大败，驻永安 十二月，黄元叛变 孙权为吴王 许靖、马超、马良去世

续表

公元纪年	东汉年号	诸葛孔明年谱	年龄	一般事项
223	蜀建兴元年 魏黄初四年 吴黄武二年	二月，至永安；四月，受刘备遗命；五月，领益州牧	43	四月，刘备崩于永安行宫；其子刘禅继位 六月，南夷叛乱 邓芝出使吴国，吴蜀结盟
224	蜀建兴二年 魏黄初五年 吴黄武三年		44	吴之张温出使蜀国
225	蜀建兴三年 魏黄初六年 吴黄武四年	三月，南征；十二月，归还	45	
226	蜀建兴四年 魏黄初七年 吴黄武五年	准备北伐	46	曹丕（文帝）驾崩，其子明帝即位
227	蜀建兴五年 魏太和元年 吴黄武六年	三月，上《出师表》 子诸葛瞻出生	47	
228	蜀建兴六年 魏太和二年 吴黄武七年	春，失街亭 贬为右将军，行丞相事 十二月，围陈仓	48	斩马谡 吴攻魏将曹休，胜于石亭
229	蜀建兴七年 魏太和三年 吴黄龙元年	春，平定武都、阴平；复丞相之位 十二月，筑汉、乐二城	49	四月，孙权称帝（吴大帝）；蜀国陈震出使吴国相贺 九月，吴国建都建业 赵云去世
230	蜀建兴八年 魏太和四年 吴黄龙二年	魏将曹真入侵，驻守成固、赤坂	50	

续表

公元纪年	东汉年号	诸葛孔明年谱	年龄	一般事项
231	蜀建兴九年 魏太和五年 吴黄龙三年	二月,攻祁山 五月,破司马仲达 六月,破张郃,杀之	51	罢黜李平
232	蜀建兴十年 魏太和六年 吴嘉禾元年	作木牛、流马	52	吴国向辽东公孙渊遣使
233	蜀建兴十一年 魏青龙元年 吴嘉禾二年	在斜谷营建邸阁	53	吴国攻打魏国,不胜
234	蜀建兴十二年 魏青龙二年 吴嘉禾三年	二月,出武功 八月,逝于五丈原	54	三月,东汉献帝驾崩 五月,吴国兵分三路出击魏国

译后记

狩野直祯（1929—2017），京都大学博士，京都女子大学校长、名誉教授，也长期担任日本三国志学会会长。狩野直祯先生著作等身，2008年出版的《狩野直祯先生伞寿（80岁）纪念三国志论集》所罗列的“著作目录”足有20页，包括11部专著，37篇论文，内容涵盖东汉三国的历史研究，《史记》《汉书》研究，及墨子、韩非等先秦思想史方面的研究。此外，他还整理编辑了祖父狩野直喜的13部专著。狩野直喜被视为近代以来日本中国学研究最重要的学者之一，也是京都学派的创始人，有《两汉学术考》《魏晋学术考》等汉学名著，《中国小说戏曲史》（张真译，江苏人民出版社，2017年）则开创了中国俗文学研究的先河。

《诸葛孔明》是狩野直祯悠长学术生涯中的第一部著作，1966年由人物往来社出版，是该社“中国人物丛书”中的一部。这套丛书中还有宫崎市定的《隋炀帝》，永田英正的《项羽》，狩野直祯正是受老师宫崎市定之命创作了本书。《诸葛孔明》2003年又由PHP文库再版，2004年出版韩语译本。本书也是日本三国志学会推荐的三国史入门读物，是一部受众非常广泛的诸葛亮传记。与诸葛亮相关的著作，狩野直祯还撰有《〈三国志〉的世界——孔明与仲达》（清水书院），该书在1971年首次出版，又分别于1984、2017年修订再版，也是极具人气的读物。有关文章则有《论政治家诸葛孔明》《西晋时代的诸葛孔明观》《诸葛氏家族》《三国志所见诸葛孔明像》《孔明的实行力》《诸葛孔明与汉中》《诸葛孔明的书》《诸葛孔明与耶律楚材》等，这种兴趣或许与祖父狩野直喜的影响有关（尽管狩野直祯最喜爱的三国人物是赵云）。狩野直祯成长于战争年代，当时，日本的中学生被强制参加义务劳动，几乎不能上课，而凭借祖父定期从京都寄来的《出师表》及注释和翻译，少年时代的狩野直祯才没有落下汉文基础。狩野直喜译注的这篇《出师表》也被收录进《诸葛孔明》中，狩野直祯后来屡屡提到此事（见《我与三国志》，收于《狩野直祯先生伞寿纪念三国志论集》），在那样癫狂的年代，大概是《出师表》给了他不一样的感受，带他看到了另一个世界吧。

诸葛孔明可能是日本人最熟悉的中国历史人物之一，与之有关的著作层出不穷。例如，狩野直祯之前有内藤湖南的《诸葛武侯》、宫川尚志的《诸葛孔明》，之后则有林田慎之助的《诸葛孔明——挥泪斩马谡》、渡边义浩的《诸葛孔明传》。一直以来，宫川尚志和狩野直祯的著作都是许多日本读者的三国入门书。现任的日本三国志学会副会长渡边义浩教授曾提到："我正是以宫川尚志和狩野直祯两位先生的《诸葛孔明》为目标，而开始自己对孔明的研究的。"[①]可见这部著作的影响力。同为诸葛亮的传记，狩野直祯和宫川尚志的《诸葛孔明》有不少相似之处。宫川尚志是京都学派的重要史学家，1940年，他在京大东洋史研究室读书时写成《诸葛孔明》，也是自己学术生涯早期的著作。由于作者都是中国史学者，这两部书都致力于还原历史中的孔明，将孔明的艺术形象和历史形象区别开来。比较起来，狩野直祯的《诸葛孔明》更加注重历史的现场感。例如本书写到隐居在隆中的孔明并非两耳不闻天下事，可能经常参与到荆州名士的谈论时，花费了很多笔墨勾勒青年诸葛亮的生活和心态，并且插入了不少作者想象中的"历史小剧场"。这些历史想象基于狩野直祯的学术判断，他充分注意到了东汉末年荆州的地理位置和形势，刘表治下较为安宁的荆州汇聚了大量士人，也汇聚着大量的情报信息。因此，孔明在三顾茅庐之前，绝不是一条毫无目的等待垂钓的鱼，他也是认真评估了各方条件才对刘备

① 渡边义浩：《诸葛孔明的汉代精神——悲剧或是理想》，本文是渡边义浩为宫川尚志《诸葛孔明》所写的"解说"，东京：讲谈社，2011年版，第276页。渡边义浩，早稻田大学教授，著有『三国政権の構造と「名士」』（汲古書院，2004年）、『後漢における「儒教国家」の成立』（汲古書院，2009年）、《关羽：神话的三国志英雄》（李晓倩译，北京联合出版公司，2017年）等。

"愿者上钩"的。这一章节，作者用各方人士的对话展现出了表面安定，实则暗流涌动、众声喧哗的荆州。狩野直祯并非单纯躲进书斋的学者，他有很多串联历史与当代、历史与公众的作品，或许也正因为如此，他才尤其注重历史人物与之所处的现实世界。

《诸葛孔明》虽然是作者的"少作"，却也凝练地展现出许多狩野直祯的学术特点，例如对出土文物的利用、对地理环境的重视。狩野直祯始终对考古新发现保持高度的敏感，有专论如《四川郫县出土汉代残碑》《广汉发现的古代祭祀坑遗迹》《古代巴蜀史的再构成》等。《诸葛孔明》中利用了大量汉代画像石来考察蜀地的地理、风俗和经济环境，在修订版中，作者也特别加入了后来发现的三星堆遗址，以进一步补充和修正对蜀地的理解，狩野直祯也难得地实地考察了不少三国遗址。书中利用了大量的游记和地理志，例如比较宋代陆游入蜀的路程和近代日人山川早水乘坐汽船的路线，更加直观地展现了巴蜀交通。自"西成高铁"开通以来，乘坐火车从成都到西安只需要三个小时，票价是人民币263元，而刘备建立的蜀汉正是亡于263年，这是今天中文互联网上一则广为流传的有趣巧合，今昔沧桑巨变，但人们对三国时代的兴趣却从未消减。

本书是教育部中华优秀传统文化专项课题（A）重大项目（尼山世界儒学中心）："隋唐历史文化认同与中华民族的发展研究"（23JDTCZ009）及国家社科基金重大项目"中古域外汉

籍旧钞本整理与‘汉文化圈’研究”（24&ZD233）阶段性成果之一。本书的翻译是在张学锋老师和童岭老师的指导下完成的。第一版草稿交给张老师后收到满纸批注，此外，张老师还校正了原著中的一些历史地理错误。由于是笔者的第一部日文译著，一定有诸多不足，其中的错误都应由译者本人承担。童岭老师曾提起过他在日本留学时见到年近九十的狩野直祯拄着拐杖参加学会，全程旁听青年学者报告的情形，可见是一位极为纯粹、为学术而学术的学者。因此，最终得以在狩野直祯先生的家乡京都完成这份工作，对我来说是幸运而愉快的经历。翻译期间，得到了京都大学中文研究室同学们的大力帮助，尤其是孙洋阳、武清阳、冯心鹤、笠井健太郎、桥本充史同学，以及其他专业的朱盛宇、干场直几位朋友，在此致以衷心的感谢。